Der ermutigte Mensch

Arnold Mettnitzer

Der ermutigte Mensch

Durch Resonanz meinen Platz
im Leben finden

S

Für Ingrid Kernmayer

Trägerin des Goldenen Verdienstzeichens
der Republik Österreich,

die am 21. August 2019 im 57. Lebensjahr
nach einem in jahrzehntelanger Krankheit
gereiften und erfüllten Leben
ihre Erlösung gefunden hat.

Inhalt

Auftakt

Zwei Freunde gehen durch die Stadt. Plötzlich bleibt der eine stehen und sagt zum anderen: „Hörst du es auch, wie schön da ein Vogel singt?“ Der andere wundert sich: „Wie kannst du im Großstadtlärm eine einzelne Vogelstimme hören?“ Im Weitergehen lässt der eine unbemerkt eine Münze fallen. Jetzt fragt der andere: „Hast du nicht auch eine Münze fallen hören!?“ Da wundert sich der eine: „Wie kannst du im Großstadtlärm eine einzelne Münze fallen hören?“ Für einen Augenblick bleiben beide stehen, schauen sich an und gehen dann wortlos weiter.

Der eine ist gern in der Stille zu Besuch, er fühlt sich wohl unter den Menschen, genießt es aber immer wieder, auch allein unterwegs zu sein. Er liebt die Natur, spricht mit Bäumen, umarmt sie, atmet tief ein und aus und spürt dabei, wie seine Seele weit wird. Er wandert gern, am besten entlang eines Baches stromaufwärts, und freut sich an allem, was er sehen, hören, riechen, schmecken, pflücken und genießen kann …

Der andere liebt das Leben in der Stadt, die Abwechslung, das bunte Treiben auf den öffentlichen Plätzen. Unter den vielen Menschen, die da kommen und gehen, fühlt er sich wohl. Wenn es ruhig wird um ihn herum, wird er unruhig. Bahnhöfe und Flughäfen sind für ihn gewissermaßen „Andachtsplätze“. In den Warteräumen beschäftigt ihn die Frage, woher die Menschen kommen, wohin sie gehen, von wem sie sich soeben verabschiedet haben und wer am Ende ihrer Reise wohl auf sie warten mag.

Der singende Vogel und die fallende Münze, auf die sie sich gegenseitig aufmerksam gemacht haben, gehen beiden nicht aus dem Kopf; doch keiner wüsste, was er davon im Moment dem anderen mitteilen könnte … „Wir kommen dorthin, wohin wir schauen", denkt der eine. „Was wir im Herzen tragen, da hinein werden wir verwandelt. Den Sinn des Lebens finden wir über unsere Sinne, dazu aber bedarf es der Stille, der Ruhe, des Alleinseins als Voraussetzung für das ‚All-eins-Sein' mit den Menschen, mit Gott und der Welt." An seinem Freund gefällt ihm „das andere", von dem er nichts wüsste, wenn es diesen nicht gäbe.

Der andere, den das Fallen der Münze hellhörig macht, nimmt mit beiden Händen, was er bekommen kann. „Nur Bares ist Wahres", sagt er gern. Er liebt die Abwechslung und die Freiheit, sich immer wieder etwas gönnen zu können. Jetzt aber zögert er, seinem Freund davon zu erzählen: Dieser könnte das missverstehen und von ihm denken, er hätte am Lärm der Stadt größeren Gefallen als am Gesang eines Vogels. Dass er in vielen Dingen ganz anders denkt, erachtet er als Gewinn; wo zwei immer einer Meinung seien, wäre einer der beiden überflüssig, wie – so behauptet er – Winston Churchill gesagt haben soll.

Irgendwann entlang ihres Weges ergibt sich aus diesen getrennt voneinander gedachten Gedanken ein gutes und langes Gespräch, was für eigenartige Vögel sie doch wären, wie grundverschieden und dabei doch so liebevoll umeinander besorgt und darüber froh, dass der eine nicht ohne den anderen unterwegs ist.

Dieses Buch ist der Versuch, das Gespräch dieser beiden Freunde weiterzuführen, ihren unausgesprochenen Fragen, Gedanken und Überlegungen Raum zu geben. Einige Leserinnen und Leser sind den beiden schon in meinem Buch „Klang der Seele“ begegnet; damals allerdings hatten sie sich noch nicht so gut gekannt. Die Unterschiede zwischen den beiden waren größer: der eine jung, der andere alt und jeder der beiden noch eher nur mit dem eigenen Standpunkt beschäftigt und noch nicht so erfahren im Umgang miteinander wie die beiden Freunde jetzt.

Das Abenteuer der Resonanz

Wie damals geht es auch heute noch darum, auf der Spielwiese des Alltags gleich vierfach das Abenteuer der Resonanz als Ermutigung zu entdecken: Einmal dadurch, im Gespräch miteinander erleben zu dürfen, mit unseren Gedanken und Gefühlen nicht allein zu sein und sich von anderen verstanden zu wissen; über Unterschiede hinweg „gut" miteinander zu „können", einen „Draht" zueinander zu finden, weil, wie wir manchmal sagen, zwischen uns „die Chemie stimmt".

Nicht weniger wichtig ist die Erfahrung, dass Auseinandersetzungen Gelegenheiten bieten, die eigenen Gedanken zu schärfen, in einer Streitkultur die Kunst zu üben, Argumente präziser zu formulieren, daran zu wachsen, den Horizont zu erweitern und sich über Dazugelerntes und neue Sichtweisen freuen zu können. Der Volksmund weiß ja nicht nur, dass „Gleich und Gleich sich gern gesellt", sondern auch, dass Gegensätze sich anziehen, weil er aus Erfahrung weiß, wie viel Kraft und Potenzial in klug geführten Auseinandersetzungen stecken. Vorausgesetzt freilich, beide Seiten sind dabei mehr am Gemeinsamen als am Trennenden interessiert, mehr an Klärungen als an Siegen.

Das dritte und vierte Feld der Resonanz als ermutigende Erfahrung sind eng verwoben und die geheimnisvollsten und schönsten, weil sie aus der Stille kommen und wieder in die Stille führen. Sie lassen staunen, sie bedürfen keiner Worte. Das dritte Feld lässt sich am besten mit dem Bild der Reise und des Unterwegsseins fassen, mit dem Erreichen eines Ziels – in der äußeren wie inneren Welt. Ist man angekommen, gibt es einem das Gefühl, mit Menschen und auch mit den Orten, an denen sie leben, verbunden zu sein, sich geborgen und nicht allein (gelassen) zu fühlen.

Dieses Feld ist aber gleichzeitig das am schwersten zu fassende, weil es den Menschen auch mit den Abgründen des Menschen konfrontiert und ihn so die Orte, an denen solches passiert, meiden lässt, weil er an ihnen nicht freiwillig an negative Erfahrungen im menschlichen Miteinander erinnert werden möchte. Solche Erfahrungen gipfeln nicht selten in dem Satz: „Dort gehe ich nicht (mehr) hin!“ Damit kommt zum Ausdruck, wie mühsam und belastend es sein kann, an Negativ-Erlebtes erinnert zu werden; gleichzeitig aber wird dadurch auch bewusst, dass ein Mensch dem Leben und seinen täglichen Zumutungen nicht immer nur ausweichen, sondern daran auch wachsen kann. Resonanz erscheint so als die Grundmelodie allen Lebens, der sich kein Mensch zu verweigern vermag.

Bei allem, was er unternimmt, bietet ihm das Leben eine Spielwiese für das Abenteuer der Resonanz: Einmal in inniger Begegnung und Übereinstimmung mit anderen Menschen, dann in der Abgrenzung von ihnen beziehungsweise in der Auseinandersetzung mit ihnen; und das alles immer und überall in Verbindung mit der Natur und den konkreten Ereignisorten. Die dort erfahrenen Erlebnisse lassen seine erlebten Erfahrungen unverwechselbar an diesen Ort gebunden sein, und wenn er davon später zu erzählen beginnt, wird er immer zu sagen wissen, wo und wann sich etwas mit wem ereignet hat. Von der Geburt bis zum Ende seines Lebens ereignet sich so das Abenteuer der Resonanz unter den Koordinaten von Ort, Zeitpunkt und Weggefährten. Was immer Menschen einander erzählen, lebt aus dieser Grundstruktur.

Das vierte Abenteuer der Resonanz auf der Spielwiese des Lebens ereignet sich im Erleben von Kreativität, Kunst, Kultur und der auch damit verbundenen spirituellen Erfahrung, in der Lust, die Welt nicht nur zu erleben, sondern sie auch zu gestalten. Den Höhepunkt jeder Art von Resonanzerfahrung erlebt ein Mensch dort, wo ihm die Sprache versagt, wo er bei dem, was er erlebt, vergebens ums Wort ringt, ihm der Mund offen bleibt, er nichts zu sagen vermag ob des Entsetzens oder des unvermutet von menschlicher Schöpfungskraft gestalteten Schönen, mit dem er sich plötzlich konfrontiert sieht.

Was Sie von diesem Buch (nicht) erwarten dürfen

Dieses Buch ist weder ein Ratgeber noch eine Sammlung von Patentrezepten, auch kein Wegweiser für den richtigen Platz im Leben. Aber vielleicht markieren die Erzählungen, Erfahrungen, Berichte und Gedichte für Sie den einen oder anderen Lichtblick oder Aussichtspunkt auf Ihrer psychogeografischen Landkarte. Was Menschen im Sinne der oben beschriebenen Resonanz einander zu bieten vermögen, sind nicht Erfolgsgarantien, sondern Erlebnisgemeinschaften, die durch das Interesse aneinander, in gegenseitiger Hilfsbereitschaft und in der Freude am Erfolg anderer Ahnungen wecken, wie Leben gelingen kann. Dabei geht es nie um die billige Kopie eines vermeintlichen Erfolgsrezepts, sondern um Hilfestellung und Ermutigung zu einem unverwechselbar eigenen Lebensentwurf. Die verlässlichste Hilfestellung dabei, die größte Ermutigung dazu wird immer von einem anderen Menschen kommen. Nichts im Leben eines Menschen vermag diesen mehr zu ermutigen als ein anderer Mensch. Deshalb ist auch das Gegenteil wahr und tut, wenn es zutrifft, besonders weh: Nichts vermag einen Menschen mehr zu kränken als die Erfahrung, von anderen im Stich gelassen, übersehen, übergangen, enttäuscht zu werden.

Aber wie groß Enttäuschungen auch sein mögen, das Gespräch mit Menschen, denen man sich mitteilen, mit denen man den Schmerz darüber teilen kann, ist und bleibt das wichtigste Psychopharmakon der Natur: Jemand, der einem anderen dabei behilflich ist, die tiefe Kränkung zu überwinden, dass er sich in einem anderen Menschen getäuscht hat, aber jetzt damit beginnen kann, dieser Täuschung ein Ende zu setzen, die „Ent-täuschung" als Lebenserfahrung annehmen und daran wachsen zu können. So bleibt er über solche Erfahrungen hinaus mit Menschen im Gespräch, übt sich in der Kunst des Mitteilens, um im Miteinander wahr-zunehmen, was als Wahrheit „von innen her" getrennt voneinander niemals wahrzunehmen wäre. Wo Menschen miteinander teilen, was sie getrennt voneinander erleben, eröffnen sich Resonanzräume, in denen das Wort „wahr-nehmen" das meint, was an Wahrem im Inneren eines anderen vor sich geht und durch gemeinsame Aufmerksamkeit (mit-)geteilt wird.

Darin erkennt dieses Buch den inneren Kern aller Resonanz und die daraus wachsende „Ermutigung". Vor zehn Jahren habe ich diesen Vorgang „Klang der Seele" genannt; heute versuche ich, das Resonanzbedürfnis des Menschen als den ständigen Dialog zu beschreiben, der – vergleichbar mit dem Grundbedürfnis des Atmens – einen Menschen mit dem größeren Ganzen seiner Welt in Verbindung hält. Gleichzeitig wird ihm dabei aber – je älter er ist, umso mehr – bewusst, dass er in dieser Welt seinen unverwechselbar eigenen Weg und seinen Platz alleine finden muss. Hilfreich dabei aber wird ihm immer sein, am Leben anderer Anteil zu nehmen, sie an seinem Leben teilhaben zu lassen und dabei einander immer wieder liebevoll infrage zu stellen und die besten Antworten auf solche Fragen in noch gründlicheren Fragen zu suchen. So bewahren sich Menschen gegenseitig vor übertriebener Belehrung und verstehen sich eher als Spielgefährten auf den unbegrenzten Resonanzfeldern des Lebens …

Ein Wort von Martin Buber lautet: „Beziehung ist Gegenseitigkeit."[1] Leben als Beziehung in Gegenseitigkeit heißt, durch geschenktes Vertrauen eine wesentliche Seite eines anderen Menschen kennen zu dürfen und sich des Reichtums dieses Geschenkes bewusst zu sein. Vielen Menschen in meinem privaten und beruflichen Leben verdanke ich den Reichtum solcher Erfahrungen. Zwei davon sind die Hirnforscher Joachim Bauer und Gerald Hüther, die ich in den Jahren 2009 bis 2010 im wissenschaftlichen Beirat einer psychosomatischen Klinik im Allgäu kennen- und schätzen lernen durfte und von ihnen über diese Zeit hinaus bei gemeinsamen Veranstaltungen viel lernen konnte. Gerald Hüther verdanke ich fast alles, was ich in diesem Buch zu den Themen Emanzipation, Transformation und Kohärenz zu sagen versuche.

Wenn sich der Untertitel dieses Buches und manche Abschnitte darin explizit auf die Studie von Hartmut Rosa über „Resonanz. Eine Soziologie der Weltbeziehung"[2] berufen, dann nicht, weil ich in der Lage wäre, den beeindruckenden wissenschaftlichen Diskurs zu diesem Thema weiterzuführen, sondern in großer Wertschätzung dem Autor gegenüber, dessen „Opus Magnum" ich die Erkenntnis verdanke, wie entscheidend und abgrundtief gründlich das Thema Resonanz den Menschen „schon vor der Wiege bis zu seinem letzten Atemzug" bestimmt und begleitet. Der resonanzbasierende Wachstumsprozess im Mutterleib ist dabei genauso beeindruckend geheimnisvoll wie die Präsenz und die Resonanz eines Menschen weit über seinen letzten Atemzug hinaus.

Innerhalb der vergangenen zwei Jahre konnte ich im Kreis von kleinen Reisegruppen vier Mal Israel und Palästina besuchen. Das Faszinierende dabei war aber nicht nur, das Land der Bibel (wieder) zu entdecken, sondern auch das Kennenlernen der Sehnsuchtsheimat vieler Pioniere der Psychoanalyse. Meine dabei entstandenen Reisenotizen sind auf vielfachen Wunsch zu einem weiteren Bestandteil dieses Buches geworden. Wie in meinen früheren Büchern finden sich auch in diesem immer wieder Gedichte in den fortlaufenden Text verwoben. Das hat einerseits mit meiner Vorliebe für verdichtete Texte zu tun; hier aber erscheint es mir mehr als sonst allein schon dem Thema dieses Buches geschuldet, weil durch Lyrik die persönliche Tiefe eines Gedankens (seine Resonanzqualität) viel deutlicher zutage zu treten vermag als in prosaischen Formulierungen.

Und wenn ich es hier auch wieder wage, ein paar lyrische Texte „aus eigener Werkstatt" zu verwenden, dann nicht, weil ich so sehr von deren Qualität überzeugt bin, sondern eher, um der Leserin und dem Leser im Klang und im Rhythmus der Sprache etwas von dem zu vermitteln, was mich bewegt und erst wieder loslässt, wenn ich es mir auf diesem Weg von der Seele geschrieben habe. Ohne mich mit einem der Großen des vergangenen Jahrhunderts messen zu wollen, darf ich in diesem Zusammenhang an Arthur Schopenhauer erinnern, der am Ende seiner „Parerga und Paralipomena" darauf hinweist, dass „in Gedichten, unter der Hülle des Metrums und des Reims, der Mensch sein subjektives Inneres freier zu zeigen wagt, als in der Prosa, und sich überhaupt auf eine mehr rein menschliche, mehr persönliche, jedenfalls ganz andersartige Weise mittheilt, als in Philosophemen, und eben dadurch einigermaßen näher an den Leser herantritt […] Verse drucken lassen ist in der Literatur, was in der Gesellschaft das Singen eines Einzelnen ist, nämlich ein Akt persönlicher Hingebung".[3]

Als Rastplätze für die lesende Seele finden sich in diesem Buch Arbeiten der portugiesischen Künstlerin Teresa Gonçalves Lobo. Als ich sie im Sommer 2018 an der portugiesischen

Atlantikküste in Pedrógão traf, lud ich sie ein, mir Arbeiten aus ihrer Werkstatt zum Thema Resonanz zur Verfügung zu stellen. Sie lehnte ab, weil sie sich viel lieber in den folgenden Monaten diesem Thema widmen und mir die so entstandenen 16 Zeichnungen zur Verfügung stellen wollte. Dafür bin ich ihr aus ganzem Herzen dankbar.

Viele Überlegungen, Begegnungen und Erfahrungen aus den vergangenen Jahren habe ich in diesem Buch versammelt in der Hoffnung, in einer komplex gewordenen Welt mit ihren Kreuz- und Querverbindungen Perspektiven der Ermutigung freizulegen, Resonanz als Grundbedürfnis der menschlichen Seele (wieder-) zu entdecken und (erneut) bewusst im Alltag im Blick zu behalten. Denn das Schlimmste, was Menschen angesichts der drängenden Fragen dieser Welt passieren kann, ist Gleichgültigkeit. Eine „Ohne-mich-Devise", die sich heraushält, nicht einmischt und von der Welt in Ruhe gelassen werden möchte. „Ohne mich! ist das Schlimmste, was man sich und der Welt antun kann", schrieb der französische Diplomat und Philosoph Stéphane Hessel (1917–2013) und rief damit (nicht nur) jungen Menschen in der ganzen Welt ermutigend den geradezu biblisch anmutenden Satz zu: „Wenn ihr sucht, werdet ihr finden."[4]

I.

Resonanz als Grundlage menschlicher Existenz

„Sagt mir, was bedeutet der Mensch? Woher ist er gekommen? Wo geht er hin? Wer wohnt dort oben auf goldenen Sternen?" So fragt der „Jüngling-Mann" die Wogen des Meeres in Heinrich Heines Gedicht „Fragen" und kommt in ihrem Gemurmel, im Wehen des Windes, im Fliehen der Wolken und im gleichgültig kalten Blinken der Sterne zur Gewissheit, dass lediglich Narren auf Antwort warten ..."[5] Trotzdem scheint sich das Fragen nicht nur für Narren zu lohnen. Nicht, weil jemand schlüssige Antworten wüsste, sondern weil das Fragen, das Suchen, das Ausschau-Halten nach besseren Möglichkeiten zum Menschen gehört, in immer neue drängende Fragen mündet und für kreative Unruhe sorgt.

Die Suche nach Nahrung für Mensch und Vieh, nach Weideplätzen und Wasserstellen bestimmt schon den Lebensrhythmus des biblischen Menschen. Hochbetagt bricht Abram auf, um neue Weiden und Oasen zum Rasten zu finden, getrieben von der

Sehnsucht nach dem Paradies, einem Land, „in dem Milch und Honig fließen". (5. Buch Mose, Kapitel 26,9.) Wie der biblische Mensch versuchen Menschen zu allen Zeiten als „homines viatores" ihren Platz zu suchen, den Ort zu finden, an dem sie zu dem werden können, die sie gewesen sein werden, wenn einmal nur mehr ein paar Zeilen an ihren Gräbern daran erinnern, was vorher in ihren Personaldokumenten, in der sogenannten „Identity Card", vermerkt war: neben dem aktuellen Wohnort der Ort und das Datum der Geburt, vielleicht noch der Beruf und früher einmal auch noch sein religiöses Bekenntnis.
Aber dieses Knochengerüst persönlicher Identität sagt nichts darüber, was einen Menschen von Anfang an und über seinen Tod hinaus einzigartig und unverwechselbar gemacht hat, kein Wort über den Tränen der Freude und des Leides, nichts von den Höhepunkten, den Schicksalsschlägen und den daraus gewonnenen Erfahrungen ... Was aber jeden Menschen einzigartig und unverwechselbar zu dem Menschen macht, der er in dieser seiner Welt ist und war, das ist die verlässliche Konstante der Resonanz: Alles, was er erlebt und im Blick zurück erlebt haben wird, verdankt er als Gemeinschaftswesen dem Geheimnis der Resonanz. Es ist die Resonanz, durch die Menschen schon lange vor seiner Geburt auf sein Kommen gewartet haben und ihn lange nach seinem Gehen aus dieser Welt nicht vergessen konnten.

Was ist Resonanz?

Das Wort „Resonanz" kommt aus dem Lateinischen „re-sonare" und kann wörtlich mit „zurück-tönen" oder „widerhallen" übersetzt werden. In der Physik ist damit das Mitschwingen oder auch Mittönen eines Körpers gemeint. Im sozialen und psychologischen Kontext wird damit alles beschrieben, was mit Mitschwingen, Akzeptanz, Würdigung, Lob, Achtung, Respekt, Wertschätzung, Anerkennung, Anklang, Sympathie, Empathie und Einfühlungsvermögen in Verbindung steht.

Wie kein anderer in den vergangenen Jahren hat sich der deutsche Soziologe und Politikwissenschaftler Hartmut Rosa mit diesem Thema beschäftigt und die Kernthese seiner Arbeit in den folgenden Worten zusammengefasst: „Wenn Beschleunigung das Problem ist, dann ist Resonanz vielleicht die Lösung."[6] Rosa skizziert eine „Soziologie der Weltbeziehung", ein Möglichkeitsfeld für gutes Leben, und plädiert dabei dafür, bei allen Lösungsansätzen die Unruhe zu bewahren, die wie in einem Uhrwerk erst unser Lebendig-Sein garantiert. Dabei zeigt er auf, wie eine Welt in der ständigen Vergrößerung ihrer Reichweiten und Möglichkeiten immer stummer und schwieriger wird, ein Dialog mit ihr beinahe unmöglich erscheint. Gegen diese fortschreitende Entfremdung zwischen dem Menschen und seiner Welt setzt Rosa die Resonanz als klingende, unberechenbare Beziehung mit einer nicht-verfügbaren Welt.

Zur Resonanz kommt es, sagt er, wenn wir uns auf Fremdes, Irritierendes einlassen, auf all das, was sich außerhalb unserer kontrollierenden Reichweite befindet. Weil sich das Ergebnis dieses Prozesses nicht vorhersagen oder planen lässt, kommt überall dort, wo sich Resonanz ereignet, immer auch ein Moment von Unverfügbarkeit ins Spiel.[7]

Ein Mensch, der sich hingegen von anderen Menschen fernhält, mit ihnen nichts zu tun haben will und deshalb sein Haus außerhalb der Stadtmauern baut, wurde im antiken Griechenland mit dem Schimpfwort „idiotes" bedacht, aus der Überzeugung, dass der Mensch als „zoon politikon", als Gemeinschaftswesen, den anderen Menschen braucht, um in Resonanz mit ihm sein eigenes Leben leben zu können. Die Neurobiologie bestätigt das: Nach nichts hat der Mensch mehr Sehnsucht als danach, von einem anderen Menschen wertgeschätzt, willkommen geheißen und geliebt zu werden. Und nichts kränkt ihn mehr, als ausgegrenzt, abgelehnt und „nicht einmal ignoriert" zu werden. Das hat die Forschung in den vergangenen Jahrzehnten beeindruckend bestätigt und so die Rolle des Menschen als Gemeinschafts- und Resonanzwesen in den Mittelpunkt ihres Interesses gestellt. „Kern aller menschlichen Motivation ist es, zwischenmenschliche Anerkennung, Wertschätzung, Zuwendung oder Zuneigung zu finden und zu geben"[8], formuliert dazu der Arzt, Gehirnforscher und Psychotherapeut Joachim Bauer und beschreibt höchst anschaulich die Entstehung des menschlichen Selbst durch Resonanz:

> „Wenn sich zwei exakt gestimmte Gitarren gegenüberstehen und die tiefe E-Saite der einen Gitarre stark angezupft wird, werden die von ihr ausgesandten Schallwellen auch die E-Saite der anderen Gitarre zum Klingen bringen. Ähnlich dazu können auch Menschen durch Mitmenschen mit Gefühlen ‚angesteckt' und verändert werden. Menschen verfügen über ein neuronales Resonanzsystem, das bereits bei Säuglingen in Funktion ist. Die Art, wie wir uns gegenseitig ansprechen und behandeln, führt im jeweils anderen Menschen zu einer Resonanz. Die Art, wie erwachsene

Bezugspersonen auf den Säugling reagieren, hinterlässt im Säugling eine Spur; eine Botschaft, die ihm Auskunft darüber gibt, wer er ist. Die an ihn adressierten Botschaften addieren sich im Säugling und bilden den Kern seines Selbst."[9]

Der Mensch als Resonanzwesen

Mit dem Wort Resonanz ist auch die Beziehungsfähigkeit des Menschen zur Welt vom ersten Augenblick seiner Zeugung im Mutterleib bis zu seinem letzten Atemzug gemeint. Der Mensch als „Resonanzwesen par excellence" könnte auf sich alleingestellt nicht leben. Sein Dasein hat im Resonanzraum mit seiner Mutter im Mutterleib begonnen. Dort hat er ihren Pulsschlag gehört und gefühlt, wurde von ihrem Blutkreislauf durchströmt und konnte gar nicht anders als im gegenseitigen Reagieren die Wärme und das Strömen spüren, den Austausch, der ihm gezeigt hat, dass zu seinem Wesen, zu seiner Existenz das „Umschwebtsein" gehört. Deshalb ist der Mensch von seiner Urerfahrung her gesehen nicht bloß Lebewesen, sondern vielmehr zunächst einmal im Urozean des Mutterleibes ein „Schwebewesen"[10], dort getragen, beschützt und geborgen.

Seither hat er diese Erfahrung unauslöschlich in sich gespeichert und kann nicht vergessen, wie gut es tut, geschützt und geborgen zu sein, sich fallen zu lassen, getragen zu werden. Das Besondere an dieser ersten Weise des In-der-Welt-Seins ist sein In-der-Mutter-Sein, wo das Resonanzverhältnis zwischen Mutter und Kind zunächst in einer untrennbaren, bipolaren Einheit existiert. Diese erste und damit konstitutive Resonanzerfahrung hat im unaufhörlichen plazentavermittelten Blutaustausch zwischen Mutter und Kind stattgefunden. Von dieser untrennbaren Einheit von Mutter und Kind heißt es im jüdischen Mythos, dass der Embryo im Mutterleib noch um das All Bescheid wüsste, in der Geburt es dann vergesse.[11] Eine innigere Art und Weise des Miteinanders ist nicht vorstellbar, auch nicht, dass sich im Lauf der Zeit daraus zwei getrennt voneinander lebende Individuen entwickeln werden.

Die zweite konstitutive Resonanzerfahrung betrifft die psychoakustische Initiation des Fötus in die mutterleibliche Klangwelt. Alles, was die Mutter hört und bewegt, hört und bewegt auch den Fötus. Das erste im Mutterleib voll ausgebildete Sinnesorgan des Embryos ist das Ohr, aber schon vor dessen Ausbildung ist ihm das Hören als ein In-Mitschwingung-versetzt-Werden im Mutterleib gegeben.[12]

Der Schock der Geburt: Atem und Berührung als Mittel der Resonanz mit der Welt

Weil das erste, alles entscheidende und grundlegende Resonanzverhältnis zwischen Mutter und Fötus der späteren Herausbildung jeglicher Trennung zwischen Subjekt und Welt vorausgeht, muss für ein Kind die Geburt und der damit einhergehende Verlust der organischen Verbindung zur Mutter über Nabelschnur, Blutkreislauf und Uterus einem „Resonanzschock"[13] gleichkommen. Dort, wo es soeben noch warm, weich, dunkel und verbunden war, ist es plötzlich kalt, hart, hell und ganz anders. Der „Schwebezustand" findet ein jähes Ende, das Neugeborene ist den Wirkungen der Schwerkraft und den harten, äußerlichen Flächen einer nicht sofort antwortenden und einer im Vergleich zum Mutterleib nichtelastischen Umwelt unmittelbar ausgesetzt.

An diesem Punkt nun wird die Haut zu einer konstitutiven und taktil erfahrbaren Grenze zwischen Innen und Außen und somit zu einem neuen Resonanzorgan. Die Haut als primäres Sinnesorgan des Kindes ermöglicht durch taktile Simulation zum einen das vitale Wachstum des Kindes, zum anderen seine seelische Entwicklung. Vermutlich noch vor der Entdeckung der Stimme als Resonanzorgan entwickelt und erfährt das Neugeborene eine neue Art von Weltbeziehung über den Hautkontakt mit der Mutter. Über die taktilen Empfindungen wird die Haut so zum ersten und wichtigsten Medium der passiven Welterfahrung und der aktiven Welterkundung. Die leibliche Berührung ist somit die erste Sprache, in der das Kind angesprochen und durch die sein Selbstempfinden geweckt wird.[14]

Über die Haut als neues Resonanzorgan hinaus entwickeln sich zwei weitere Arten und Weisen, in denen das Kind nach seiner Geburt in die Welt und mit ihr in Resonanz tritt: zum einen durch das Atmen und zum anderen durch das Aufnehmen und Ausscheiden von Nahrung. Durch Nahrungsaufnahme und Ausscheidung verleibt sich das Neugeborene diese seine neue Welt sozusagen ein, lässt sie durch seinen eigenen Leib „hindurchprozessieren", nimmt sie in einem stetigen Austauschprozess auf und gibt sie wieder ab.

Ebenso atmet ein Neugeborenes zuvor schon diese seine neue Welt ein und aus und gibt dadurch seiner Umgebung das verlässlichste Zeichen seiner Lebendigkeit. „So, wie unsere Seele [...] uns zusammenhält, umspannen Atem und Luft die ganze Welt", schreibt der griechische Philosoph Anaximenes. Atmen versorgt nicht nur den Körper mit Sauerstoff, er verbindet unsere Innen- mit der Außenwelt. „Spirare" – „atmen" und „spiritus" – „Geist" sind im Lateinischen enge Verwandte. Ärzte sprechen von Inspiration und meinen damit die Einatmung; umgangssprachlich steht dieser Begriff aber für einen Geistesblitz, eine unerwartete Erkenntnis. Im Judentum nennt man den Atem „ruah" – „Gotteswind", im Koran steht der Begriff „nafs" für die Seele des Menschen, für sein „Selbst" und kommt dort 276 Mal vor. Dieses Wort ist wiederum verwandt mit dem hebräischen Wort „nephesh"/„nafas" – „der Atem". Interessant in diesem Zusammenhang ist, dass sich das deutsche Wort „Atem“ vom Hindi-Wort „atma“ ableitet, was so viel bedeutet wie „unzerstörbares Selbst“ und damit auch wie im Buddhismus, in der Bibel und im Koran für die Seele und das Selbst des Menschen steht.[15] So wird noch besser verstehbar, warum der Atem in vielen Kulturen als Kennzeichen des Lebens und darüber hinaus als Essenz der Seele überhaupt gedeutet wird. In der jüdisch-christlichen Tradition ist das Einhauchen des Atems das Kernstück des göttlichen Schöpfungs- und Belebungsaktes: Der Verlust des Atems ist gleichbedeutend mit dem Tod des Menschen. Darüber hinaus ist der Atem zeitlebens ein verlässlicher Indikator dafür, wie es uns geht.

In der Gestalttherapie sind die Therapeuten deshalb angehalten, die Atemmuster ihrer Klienten zu beobachten. Entwickelt wurde diese Methode der Psychotherapie vom deutsch-jüdischen Ehepaar Fritz und Laura Perls nach deren Flucht vor den Nationalsozialisten. In ihrem 1951 mit Paul Goodman veröffentlichten Buch „Gestalttherapie“ schreiben sie: „Achten Sie während ihrer täglichen Aktivitäten, vor allem in besonderen Momenten darauf [...], wie sie dazu tendieren, den Atem anzuhalten, anstatt tiefer zu atmen, wie die Situation es biologisch fordert. Was halten Sie zurück, indem Sie den Atem anhalten? Einen Aufschrei? Kreischen? Wegrennen? Zuschlagen? Erbrechen?“[16]

Die Vorstellung, dass der Atem nicht allein mir gehört, sondern etwas ist, was sich zwischen mir als Bewusstsein, dem Leib und der Welt abspielt, hat ihre Wurzel in dem Faktum, dass die Atmung letztlich nicht unserem Willen unterliegt: Wir können sie zwar für eine bestimmte Zeit anhalten oder beschleunigen, aber die Spielräume sind hier sehr begrenzt, dann sprechen wir davon, dass „es in uns atmet“. Der Unterschied in meiner Erfahrung, zwischen „mein Atem geht rasch oder ruhig“ und „ich atme rasch oder ruhig“, ist fließend und unscharf ebenso wie die Grenze zwischen der Luft als Bestandteil der äußeren Welt, die ich einatme, und meinem Atem, der in mir ist. Dies erklärt, warum das Atmen als gleichsam reinste Form der Beziehung zur Welt in westlichen wie östlichen Philosophien und Praktiken, etwa in Atemschulen, Achtsamkeitskursen, Techniken des sogenannten autogenen Trainings, aber natürlich auch im Zen-Buddhismus so hohe Aufmerksamkeit erfährt.[17]

Ein Wort von Rose Ausländer lautet: „Mein Atem heißt Jetzt!“ Der Atem ist seit jeher das Zeichen des lebendigen In-der-Welt-Seins und gleichzeitig des Mit-der-Welt-in-Verbindung-Stehens. Deshalb legen asiatische Meditationspraktiken wie indisches Yoga, chinesisches Tai-Chi oder Qigong den Schwerpunkt ihrer spirituellen Praxis auf die Atmung. Auch im Alten Ägypten und in Griechenland schätzen die Menschen die leiblich geistige Heilwirkung des Atems. 4000 Jahre alte ägyptische Grabinschriften berichten von der wundersamen Heilkunst des Atems. Menschen können also gar nicht anders, als miteinander in Resonanz zu treten. Um es mit dem markanten Satz von Martin Buber zu sagen: „Im Anfang ist die Beziehung. Der Mensch wird am Du zum Ich.“[18]

Die Stimme als vokale Nabelschnur

Neben der Haut, dem Atem, der Nahrungsaufnahme und der Ausscheidung ereignet sich eine weitere Grundbewegung einer Weltbeziehung, die sich des Atems und des Kehlkopfs bedient, um die Stimme des Menschen als „Fingerabdruck seiner Seele“ hörbar zu machen. Mit ihr tritt ein Mensch mit der Welt in Verbindung und lädt diese zum Antworten ein.

Eine Variante jüdischer Tradition sieht deshalb im Kehlkopf den Sitz der menschlichen Seele; seine vornehmste Aufgabe besteht demnach darin, ihr eine Stimme zu geben und dabei darauf zu achten, dass beim Sprechen die Grundmelodie stimmt, der Ton hinter den Worten und zwischen den Zeilen dem Gesagten nicht entgegensteht. So betrachtet, dürfen wir die Stimme eines Menschen als „hörbar gemachte Atmung" verstehen, sie im besten Sinne des Wortes als ein hauchendes, ein „spirituelles" (lat. „spirare" – atmen) Geschehen verstehen und „Spiritualität" – jenes verletzliche und oft viel zu schnell verstandene und von allen möglichen Gruppen vereinnahmte Wort – als Hilferuf begreifen, in dieser (kalten) Welt nicht allein gelassen zu werden.

Als so verstandenen Ausdruck des Seelischen führt die Stimme den Menschen immer zu sich selbst und gleichzeitig über sich selbst hinaus. Wie der Körper die Luft zum Atmen braucht, braucht die Seele, um durch und durch lebendig zu bleiben, die „Ekstase", das Aus-sich-Herausgehen, die Mit-Teilung, die Möglichkeit und Fähigkeit, sich anderen mitzuteilen und an deren Leben teilzuhaben.

In der menschlichen Entwicklung macht das Kind die elementare Erfahrung, dass es über ein Organ verfügt, durch dessen Gebrauch es eine Wirkung in der Welt hervorruft. Nach und nach lernt es, diese Wirkung als eine Antwort zu verstehen, die nicht mechanisch nach dem Ursache-Wirkung-Schema erfolgt, sondern in aller Regel einen entgegenkommenden Charakter trägt. Seine Stimme lockt die Mutter herbei und führt zu liebevoller Berührung, zu Streicheln, Körperkontakt und vor allem auch Nahrung. „Die Stimme sichert die Entbehrlichkeit der Blutgemeinschaft, sofern sie die Herbeirufbarkeit von Milch bedeutet. Draußensein heißt Rufenkönnen. Ich rufe, also bin ich. Dasein bedeutet von diesem Moment an im Erfolgsraum der eigenen Stimme existieren", formuliert Peter Sloterdijk und vermutet in diesem Zusammenhang den Ursprung menschlicher Sprach- und Symbolfähigkeit: „So setzt die Symbolgenese wie auch die Ichbildung durch Stimmbildung ein; mit gutem Recht haben Thomas Macho und andere der Stimme, die zum Ohr der Mutter führt, Eigenschaften einer vokalen Nabelschnur zugeschrieben."[19]

Der deutsche Philosoph Bernhard Waldenfels (geb. 1934) erkennt in der leiblichen Resonanzfähigkeit, welche die Stimme des anderen im eigenen Leib mittönen lässt (und umgekehrt), eine Voraussetzung dafür, dass die Stimme zu einem „Antwortregister" werden kann. So wird der innere Zusammenhang von Stimme und Stimmung deutlicher und das Hören der fremden Stimme im Hörenden bewirkt ein schweigendes Mittönen der gehörten Stimme. Diesen Resonanzeffekt erleben Menschen auch, wenn sie ihre eigene Stimme auf Tonträgern hören. Beim Sprechen oder Singen hören sie sich selbst mit dem inneren und dem äußeren Ohr, während sie ihre eigene Stimme auf Tonträgern nur von außen hören, was einige Menschen irritiert und verunsichert. Diese Verdoppelung der Wahrnehmung ist ein wesentliches Merkmal der menschlichen Stimme und die von der Stimme gestifteten Resonanzbeziehungen erweisen sich wiederum als doppelseitig zwischen Leib und Seele einerseits und zwischen Subjekt und Welt andererseits. Beide Male treten hier physische und symbolische Resonanzen miteinander in Wechselwirkung. „Nimmt man an, dass der ganze Kosmos beseelt ist, so kann die Seele auf gewisse Weise in alles einstimmen, so wie in der grauen Vorzeit laut Platon Menschen mit Tieren redeten und sogar philosophierten."[20]

Nirgendwo sonst lässt sich dies so unmittelbar erfahren wie beim gemeinsamen Singen, und vermutlich liegt eben hierin die anhaltende Attraktivität des Chorsingens. Wer sich daran beteiligt, erfährt in den gelingenden Momenten eine „Tiefenresonanz“ zwischen seinem Körper und seiner mentalen Befindlichkeit zum Ersten, zwischen sich und den Mitsingenden zum Zweiten sowie die Ausbildung eines kollektiv geteilten physischen Resonanzraumes (in der Kirche oder im Konzertsaal etc.) zum Dritten. Die aus der Steiermark stammende und in Wien lebende Sängerin und Gesangslehrerin Eva Campbell-Haidl hat diesem Resonanzthema einen Kanon gewidmet, dessen Textinhalt der dreistimmigen Melodie um nichts nachsteht: „I sing mit dir, wal i des wü, kana alan kummt zu so an G'füh.“ („Ich singe mit dir, weil ich das will, niemand kommt alleine zu so einem Gefühl.“)[21]

Wie lernt der Mensch das Kommunizieren?

„Jemanden nicht einmal zu ignorieren", bedeutet im Wienerischen, was die Römer mit „damnatio memoriae" zum Ausdruck bringen wollten: Einen Menschen links liegen zu lassen, ihn aus dem Gedächtnis zu streichen, so zu tun, als gäbe es ihn nicht. Das geht im Grunde aber nicht. Paul Watzlawick hat darauf aufmerksam gemacht, dass der Mensch als geborenes Resonanzwesen nicht nicht kommunizieren kann. So gesehen ist der Satz, „jemanden nicht einmal zu ignorieren" in seiner doppelten Verneinung im Grunde die Bestätigung dafür. Besser kann einem anderen Menschen gar nicht vermittelt werden, wie sehr jemand unter der Existenz eines „nicht einmal ignorierten" Menschen zu leiden hat …

Es ist schwer zu sagen, wann die emotionale Beziehung zwischen einem Baby und seinen Eltern sprachlich beginnt. Aufgrund neurobiologischer Erkenntnisse ist die Pränatalpsychologie mittlerweile überzeugt davon, dass dieses Lernen schon im Mutterleib beginnt und dort durch das Hören als ein In-Mitschwingung-versetzt-Werden grundgelegt wird. Der Embryo reagiert darauf, wie gelassen oder unruhig seine Mutter ist. Darüber hinaus ist aber natürlich die Zeit direkt nach der Geburt, wenn die Mutter ihr Baby stillt und beide Eltern es wiegen und beruhigen, von zentraler Bedeutung. Was alle Betroffenen besonders beglückt, ist jener magische Moment einige Wochen nach der Geburt, wenn das Baby Vater und Mutter mit einem ersten „echten" Lächeln beglückt. Dieses Glücksgefühl ist der Ausgangspunkt einer ganz individuellen Sprache zwischen Eltern und Kind.

Im Alter von ungefähr drei Monaten ereignet sich darüber hinaus etwas Entscheidendes: Dann nämlich beginnt das Baby in der Regel, sich für die zielgerichtete Interaktion mit seiner Umwelt zu interessieren. Die Entwicklungspsychologie spricht davon, dass die Augen des Säuglings „aufleuchten". Zum ersten Mal scheint er seine Eltern wirklich anzusehen und ihren Blick festzuhalten. So klein ein Baby in diesem Alter auch ist, es lernt durch Beobachtung und Imitation ungeheuer viel darüber, wie man Emotionen entschlüsselt und ausdrückt. Aufnahmebereite und aufmerksame Eltern können also schon zu diesem frühen Zeitpunkt aktiv in den Prozess des Trainings kindlicher Emotion eintreten.

Meist bemühen sich die Eltern intensiv, bei dieser frühen Kommunikation emotionaler Inhalte die Aufmerksamkeit ihres Babys zu wecken und aufrechtzuerhalten. Sie benutzen oft spezielle Sprachmuster: Dabei werden mit hoher Stimme langsam immer wieder dieselben Worte oder Sätze gesprochen, begleitet von stark ausgeprägtem Mienenspiel. Diese „Babysprache" wirkt. Denn wenn der Säugling seine Eltern so reden hört und sieht, wendet er ihnen den Kopf zu und seine Aufmerksamkeit steigt.

Die meisten Eltern führen auch nonverbale „Gespräche" mit ihrem Kind, wobei die beiden Gesprächspartner sich abwechseln: Hebt etwa die Mutter ihre Augenbrauen, tut das auch das Baby. Streckt das Baby seine Zunge heraus, tut die Mutter dasselbe. Babys sind von solchen Nachahmungsspielen entzückt. Diese auf Nachahmung beruhenden „Gespräche" sind deshalb so wichtig, weil sie ihm mitteilen, dass seine Eltern intensiv auf seine Äußerungen achten und auf seine Gefühle reagieren. Daraus ergibt sich die erste Erfahrung des Säuglings, von einem anderen Menschen verstanden zu werden, und jede weitere Erfahrung in dieser Richtung fördert die emotionale Kommunikation. Babys schreien und strampeln und teilen auf diese Weise mit, was in ihnen vorgeht und was sie sich wünschen. Erwachsene antworten darauf, indem sie mit dem Kind „sprechen“, indem sie es wiegen, streicheln, sprachlich beruhigen. Dabei lernt das Kind, welche Bedeutung Mimik und Gestik haben.

In diesem Lernprozess bildet jeder Mensch seine individuelle Art heraus, wie er spricht, welchen Klang seine Stimme bekommt und in welchem Grundton er kommuniziert. Alles, was wir auf diese Weise in Kindertagen erlernt haben, praktizieren wir lebenslang und unverwechselbar. Wir können so Erlerntes nicht vergessen, die Erinnerung daran scheidet zwar aus unserem Bewusstsein aus, im Unbewussten aber lebt sie fort, bleibt dort so lebendig, dass alles, was wir tun, aus diesem unbewussten Erinnerungsschatz gespeist wird. Wir gehen, wie wir es damals gelernt haben, wir essen, wir sprechen, wir empfinden in der Art, wie wir es damals taten.[22]

Körperhaltung und Gesichtsausdruck

Körperhaltung und Gesichtsausdruck sind die verräterischsten Kommentare zu unserer inneren Befindlichkeit. Im Unterschied zum Mund, der gezielt in die Irre führen kann, ist die Sprache des Körpers eindeutig und klar. Durch Mimik und Gestik geben wir mehr preis, als uns lieb sein mag, im Moment des Errötens sagen wir mehr, als wir eingestehen wollen … manchmal stimmt das, was mitgeteilt wird, mit den Worten überein, manchmal klaffen die Sprache des Körpers und die der Worte auseinander, und manchmal trägt ein Mensch seinen Körper als Maske vor sich her. Aber das Bild, das sich andere von ihm machen, entsteht nie ohne die Wahrnehmung seiner Körpersprache.

Körpersprache ist in den letzten Jahren neu ins Bewusstsein gerückt und in der öffentlichen Wahrnehmung hoch attraktiv geworden. Plötzlich werden von Kopf bis Fuß kleinste Details am Körper als Statement wahrgenommen. Menschen beginnen zu verstehen, wie wichtig es ist, ihre eigene Körpersprache zu verbessern und damit bewusster und wohl auch erfolgreicher zu kommunizieren. Der Körper wird dabei gezielt eingesetzt und zurechtgemacht, in gewisser Weise zur Schau gestellt, aber der Mensch dahinter kann sich nicht verstecken: Er kommuniziert ständig, wenn auch unbewusst, mit seinem eigenen Körper.

Von der Wiege bis zur Bahre kommunizieren wir mit Gesten und teilen Absichten mit, die wir mit Worten nicht sagen können. Unsere Mimik verrät ziemlich deutlich, ob wir freudig, traurig oder ärgerlich gestimmt sind. Unsere Körperhaltung wirkt dabei genauso auf die Seele ein wie die Seele auf die Körperhaltung. So wie sich mein Körper in äußerer Haltung befindet, empfindet er sich auch in innerer Haltung. Diese bestimmt darüber, wie ich das, was von außen kommt, wahrnehme und bewerte. Wir „wachsen" vor Freude, und bei Enttäuschung stehen wir da mit hängenden Schultern, den Kopf vornübergeneigt und fühlen uns „wie ein begossener Pudel". Wer andere sieht, kann solche Emotionen an der Sprache ihrer Körperhaltung schneller erkennen, als die unmittelbar Betroffenen sich selbst und anderen gegenüber einzugestehen bereit sind.

Mimik

Im Gesicht des Menschen gibt es 28 Muskeln, die bei der Kommunikation eine wesentliche Rolle spielen: vier Kaumuskeln, zwölf mimische Muskeln und zwölf zur Bewegung der Kopfhaut, der Nase, der Lider und Augenbrauen sowie der Ohrmuschel. Im Gesicht zeigen sich unterstützt durch diese Muskeln die grundlegenden Gefühle: Freude, Trauer, Ärger, Angst, Ekel, Überraschung, Verachtung und Neugier. Diese acht Gefühle sind an den Muskelbewegungen im Gesicht bei Menschen in allen Kulturen eindeutig zu identifizieren. Das fand der US-amerikanische Anthropologe und Psychologe Paul Ekman in lebenslanger Forschungsarbeit heraus. Sein Buch „Gefühle lesen. Wie Sie Emotionen erkennen und richtig interpretieren" ist äußerst lesenswert.

Die Sprache der Hände

Eine weitere Ebene von Resonanz im Sinne von Weltbeziehung offenbart sich über die Sprache der Hände. Wiewohl der Mensch es aus welchen Gründen auch immer gelernt haben mag, möglichst wenig von dem, was in ihm vor sich geht, offenzulegen, sich in „heiklen" Begegnungen nicht zu verraten, wie oft er „gute Miene zum bösen Spiel" zu machen versucht und sich dabei „nicht in die Karten schauen" lassen möchte, sosehr werden er und die Menschen seiner Umgebung feststellen, wie „selbstoffenbarend" die Hände und Arme im Stehen, Sitzen oder Liegen bei fast jeder Art von Kommunikation eine Rolle spielen. Sie sind vielleicht die am meisten unterschätzten Kommunikationsinstrumente der modernen Welt. In Rhetorikseminaren taucht deshalb immer wieder die Frage auf, was man während einer Rede mit den Händen machen soll. Die Lösung ist einfach: Wer seine Hände einfach machen lässt, was sie machen wollen, erspart sich den Stress zu glauben, ihnen sagen zu müssen, was sie tun sollen. Oder anders gesagt: Das Problem entsteht erst dann, wenn jemand aufhört, spontan zu sein, sondern glaubt, ganz besonders reagieren zu müssen.

Die Sprache der Hände ist international. Wer einen Film in fremder Sprache sieht und nichts versteht, wird doch begreifen, was Hände und die Körpersprache sagen. Verliebte tauschen Zärtlichkeiten aus, Feinde gehen mit Fäusten aufeinander los, Hungrige bitten um Nahrung, Durstige um einen Schluck Wasser, Menschen in zu heißen Räumen wischen sich den Schweiß von der Stirn, vom Licht Geblendete schützen sich mit der Hand vor den Augen, Weinende verbergen ihr Gesicht hinter beiden Händen, Betende breiten die Arme aus oder falten ihre Hände. Um das alles einander vermitteln zu können, bedarf es unter Menschen außer ihrer Hand- und Armbewegungen keiner weiteren Sprache.

Be-hand-lungen

Mit den Händen einen Menschen zu berühren gehört zu den ersten und einfachsten Be-hand-lungsmethoden menschlicher Heilkunst. Die Hand, die berührt, kann aber auch als Übergriff empfunden werden. Zwischen der Zärtlichkeit eines Händedrucks und der Grobheit einer Berührung liegt ein weites Feld, für das sich unter Menschen ein feines Gespür entwickelt hat.

Im Evangelium des Markus wird von einer seltsamen Berührung berichtet: Viele Menschen folgen dem Wanderprediger aus Nazareth, wollen ihn hören und sehen und ihn auch berühren, weil, wie einige sagen, eine Kraft von ihm ausgehe, die alle heilen könne. So sucht auch eine Frau im Gedränge des Marktplatzes seine Nähe, weil sie schon seit zwölf Jahren an Blutungen leidet. Ihr ganzes Vermögen hatte sie ausgegeben, ihr Zustand war immer schlimmer geworden. Im Vertrauen darauf, dass dieser Jesus ihr helfen könne, drängt sie sich in der Menschenmenge von hinten an ihn heran und berührt mit ihren Händen sein Gewand, weil sie sich sagt: „Wenn ich auch nur sein Gewand berühre, werde ich geheilt." Im Augenblick der Berührung spürt sie, dass sie sich in ihrem Vertrauen nicht getäuscht hat. Jesus aber wendet sich im Gedränge um und fragt: „Wer hat mein Gewand berührt?" Die Menschen um ihn herum antworten ihm: „Du siehst doch, wie sich die Leute um dich drängen, und da fragst du: ‚Wer hat mich berührt?'" – „Jesus aber blickt in die Runde, um zu sehen, wer es getan hat. Da kommt die Frau zitternd und scheu auf ihn zu, fällt vor ihm nieder und berichtet, was an ihr geschehen ist. Er aber sagt zu ihr: ‚Dein Vertrauen hat dir geholfen. Geh in Frieden! Du sollst von deinem Leiden geheilt sein.'" (Vgl. Mk 5, 24-34.)

Wie immer wir diese Stelle deuten, es ist unbestritten, dass Berührungen heilende Wirkung haben. Was Menschen zuallererst suchen und brauchen, ist Zuwendung. Berührt werden bedeutet „angenommen sein", keine Fragen mehr stellen zu müssen, einfach nur da sein und spüren können, dass es gut ist, weil es guttut. Osteopathen scheuen sich nicht, in solchen Geschichten wunderbare Beschreibungen ihres beruflichen Alltags zu erkennen.

Heilende Berührungen setzen aber Vertrauen voraus. Mit dem Moment der Berührung werden alle anderen Anwesenden zu Statisten. Not wird geheilt, wenn sie sich aus der Anonymität herauswagt, wenn sie beim Namen genannt wird. Was benannt wird, kann gebannt werden. Heilung setzt die Konfrontation voraus, man kann sie sich nicht heimlich „von hinten" erschleichen. Heilung setzt das Offenlegen der Bedürftigkeit voraus, das Eingeständnis benötigter Hilfe.

Die Landschaft des Gesichts als das äußere Erscheinungsbild der Seele

Ein geflügeltes Wort des österreichischen Philosophen Ludwig Wittgenstein (1889–1951) lautet: „Wovon man nicht reden kann, darüber muss man schweigen." Wittgenstein versucht in seinem ersten Hauptwerk, dem „Tractatus logico-philosophicus", dem Denken des Menschen oder besser noch dem Ausdruck der Gedanken eine Grenze zu setzen. Was aber, wie so oft bei geflügelten Worten, auch hier vergessen wird, ist der erste Halbsatz, den der Philosoph seinem berühmten Satz vorangestellt hat. Das ganze Zitat lautet nämlich: „Was sich überhaupt sagen lässt, lässt sich klar sagen; und wovon man nicht reden kann, darüber muss man schweigen."[23] Wenn man aber auf diese Weise schweigt, verstummt und kein Wort für das, was man dabei erlebt, zur Verfügung hat, sprechen besonders die Augen, wie auch der ganze Körper eine weit deutlichere Sprache als der Mund. So erfährt ein Mensch, dass es ihm unmöglich ist, zu dem, was um ihn herum passiert, nicht in Resonanz zu treten. Der Volksmund vermutet daher nicht von ungefähr in unseren Augen den Spiegel der Seele.

Und dieser Seelenspiegel steckt auch den Betrachter eines Gesichts an. Wer einem Menschen ins Gesicht sieht und in dessen Augen zum Beispiel Furcht liest, wird instinktiv seinen Blick dorthin wenden, wohin der andere blickt, wird wissen wollen, ob auch für ihn Gefahr droht, und sich mit ihm in Sicherheit bringen wollen. Erblickt er im Gesicht eines anderen Menschen Ekel, wird er seinem Blick lieber nicht folgen; wer weiß, was dieser gesehen hat!? Lacht ihn hingegen ein Mensch (offen) an, wird er spüren, dass der andere es gut mit ihm meint, sich darüber freut, dass er jetzt und hier nicht allein ist.

In allen Kulturen vermittelt ein Gesicht unmittelbar soziale Signale: Diese Sprache der Augen ist international.

In unseren täglichen Begegnungen „diagnostizieren“ wir instinktiv, wie es um die emotionale Situation des anderen Menschen bestellt ist. Diese Wahrnehmung kann dazu führen, dass wir den Zustand des anderen in uns selbst empfinden und traurig werden, uns in der Folge zurückziehen oder aber empathisch öffnen und es als Impuls für Hilfeleistung verstehen. In jedem Fall fühlen wir uns angeschaut, erblickt, betroffen. Tritt ein Mensch in unseren Wahrnehmungshorizont, dann aktiviert er in uns, ohne es zu beabsichtigen und unabhängig davon, ob wir es wollen oder nicht, eine neurobiologische Resonanz. Verschiedene Aspekte seines Verhaltens rufen in uns ein Spektrum von Spiegelreaktionen hervor.[24]

So können wir auch leichter „verstehen“, was passiert, wenn uns jemand sieht, wenn wir uns beobachtet fühlen, wenn die Augen anderer auf uns gerichtet sind. Reflexartig „nehmen wie uns zusammen“, fühlen uns unter Beobachtung und bemühen uns, uns von unserer „besseren“, um nicht zu sagen „von unserer besten“ Seite zu zeigen. Fast hat es den Anschein, wir sind in solchen Momenten damit beschäftigt, bessere Menschen werden zu wollen. Darum fasziniert uns auch in der Regel das Auge einer Kamera und wir wollen von ihm erfasst oder aber auch um keinen Preis der Welt von ihm erfasst werden. Letzteres vielleicht aus der Angst, nicht entsprechen zu können oder doch nicht gut genug zu sein. Gleichgültig jedenfalls scheint es keinen zu lassen. Und die Vermutung ist nicht gänzlich von der Hand zu weisen, dass der Mensch seine wichtigsten Anstrengungen auf sich nimmt, um sich mit dem, was er tut, „sehen lassen“ zu können, anderen unter die Augen zu treten und ihnen zu zeigen, was er kann.

Kein Sinneseindruck gelangt schneller in das menschliche Gehirn als der Geruch. Die Nase ist ein verlässlicher Kommunikator, wir nehmen damit Wohlgerüche wahr oder werden durch ein chemisches Frühwarnsystem vor dem Genuss verdorbener Speisen gewarnt. Sexualität wird in entscheidender Weise über den Geruchssinn gesteuert. Mit unserem Geruch verbreiten wir eine erste Botschaft, auf die unser Gegenüber (un)bewusst reagiert. Von jemandem zu sagen, dass man ihn „gut riechen" oder aber „nicht riechen" kann, beschreibt das Gefühl, das uns der Geruchssinn aus nonverbalen olfaktorischen Eindrücken vermittelt. Auch die Räume unseres täglichen Lebens nehmen wir zuallererst über den Geruchssinn wahr und entscheiden instinktiv, ob wir uns darin wohlfühlen.

Mahatma Gandhi soll von christlichen Missionaren gefragt worden sein, was sie denn nach seiner Meinung tun müssten, damit die Hindus die Bergpredigt verstünden. Gandhi antwortete: „Denken Sie an das Geheimnis der Rose. Alle mögen sie, weil sie duftet. Also duften Sie!" Damit spricht Gandhi in seiner Sprache das an, was heute mit dem Modewort „Soft Skills" bezeichnet wird: jene Eigenschaften an uns, die vielleicht mit „sozialer Kompetenz" umschrieben werden könnten, die großen und kleinen Selbstverständlichkeiten, die man eher riechen und schmecken als sehen und hören kann, die sehr oft erst dann bemerkt werden, wenn sie fehlen.

Der „Duft", der unseren Worten anhaftet, meint dann wohl das geheimnisvolle Gemisch aus allen kleinen und feinen Eigenschaften, die einen Menschen unverwechselbar machen, die eher zu spüren als zu benennen sind, die man leichter „riechen" als definieren kann; diese liegen eher „in der Luft" als auf dem Tisch. Bei den Studentenunruhen 1968 hat ein Wort Flügel bekommen: „Unter den Talaren der Mief von tausend Jahren.“ Gemeint war damit die Kritik daran, dass die Magnifizenzen und Exzellenzen auf den kirchlichen und universitären Lehrkanzeln in ihren prächtigen Amtsroben nur Lösungen von gestern für die Probleme von heute anzubieten hatten. Kein neuer Duft, nur alter Mief.

Schmecken

Ein Mensch tritt ununterbrochen in Resonanz zur Welt, in der er lebt. Diese Welt hat nicht nur einen bestimmten Geruch, sie kann auch eklig oder köstlich sein und schlecht oder gut schmecken. Wie der Mensch seinen Geschmackssinn trainieren und in der Folge feine Nuancen und Variationen von Geschmäckern unterscheiden kann, so ist er auch in der Lage, auf den Spielwiesen seiner Kommunikationsfelder im Umgang mit dem Wort Achtsamkeit zu trainieren und das, was er hören muss und sagen kann, auf seine Qualität hin „abzuschmecken“, „von innen her zu verkosten“ und darauf zu achten, welches Wort bei welchem Menschen zu welcher Gelegenheit wie wirken mag.

Worte sind in der Weisheit des Asklepios das erste Medikament gegen die Not der Seele. Dabei können Worte das Klima vergiften, Gemeinschaft zerstören, wie „bittere Pillen“ schmecken, dafür aber heilsam sein. Oder aber, „gut gemeint und schlecht getroffen“ kommen Worte „in die falsche Kehle“, schmecken nicht nur schlecht, sondern bewirken auch nichts Gutes und liegen schwer im Magen. Worte sind immer ambivalent. Was den einen aufrichtet, kann den anderen entmutigen. Worte sind keine Patentrezepte, ihr Gebrauch erfordert „Geschmack“, Fingerspitzengefühl und Sorgfalt. Ein dem chinesischen Philosophen Konfuzius (551–479 v. Chr.) zugeschriebenes Wort lautet: „Wenn die Worte nicht stimmen, dann ist das Gesagte nicht das Gemeinte. Wenn das, was gesagt wird, nicht stimmt, dann stimmen die Werke nicht. Gedeihen die Werke nicht, so verderben Sitten und Künste. Darum achte man darauf, dass die Worte stimmen. Das ist das Wichtigste von allem.“[25]

Weinen und Lachen

Wenn wir „zu Tränen gerührt“ sind, ist das ein untrügliches Zeichen dafür, dass wir körperlich und/oder seelisch berührt werden. Dabei fließen Tränen aus unterschiedlichsten Gründen: Wir weinen, lachen, schließen uns in die Arme, zeigen damit, dass wir uns aneinander festhalten, Leid und Freude miteinander teilen. Oder aber wir kochen und schneiden dabei Zwiebeln, die uns die Tränen in die Augen treiben …

Erst im Alter von vier Wochen ist ein Kind in der Lage, zu weinen und mit Tränen nach Unterstützung der Mutter zu verlangen. Tatsächlich spannend wird das Thema im großen emotionalen Spannungsbogen von Schmerz und Trauer bis hin zu Tränen, die vor lauter Freude geweint werden. Charles Darwin meinte, Tränen hätten nur die basale Funktion, die Augen zu reinigen und zu befeuchten. Tränen der Freude oder der Trauer erschienen dem britischen Naturforscher sinnlos.

Trotzdem blieb es immer unbestritten, dass den Tränen des Menschen eine zentrale soziale, im Grunde urmenschliche Funktion zukommt, die bis hinein in die spirituelle Dimension reicht. Was ich unter Tränen tue, verrichte ich mit Leib und Seele, Herz und Hirn. Dass das für alle anderen Tätigkeiten auch gilt, versteht sich von selbst. Freilich wissen wir Menschen auch um die geheuchelte Zurschaustellung von Trauer und Betroffenheit. Neben dem Ziel, durch den Einsatz von Tränen leichter zur Bedürfnisbefriedigung zu kommen, nehmen in der wissenschaftlichen Literatur über Sinn und Nutzen des Weines die erholenden und heilenden Effekte einen prominenten Platz ein. So meint die Katharsis-Theorie, die auf Aristoteles und Hippokrates zurückgeht und von der Psychoanalyse übernommen wurde, dass Tränen zur psychischen Reinigung beitrügen. Menschen, die nicht weinen können, klagen oft über ein Gefühl von Leere.

„Humor" kommt aus dem Lateinischen und bedeutet ursprünglich die aus dem Boden („humus") gezogene „Feuchtigkeit" oder „Flüssigkeit". Auf den menschlichen Körper bezogen sind es die Körpersäfte (humores) Schleim, Blut, schwarze Galle und gelbe Galle. Ihre jeweilige Dominanz gilt für die antike Temperamentenlehre, wie sie vom Leibarzt des Kaisers Marc Aurel, dem griechischen Arzt Galenos von Pergamon (geb. 129 oder 131 n. Chr.) überliefert wurde, als Ursache für die typologischen Besonderheiten von Phlegmatikern, Sanguinikern, Melancholikern und Cholerikern. Die innere Balance und Ausgeglichenheit eines Menschen, so Galen, hänge demnach von der Balance seiner Körpersäfte ab. Humor ist so gesehen die Kunst, wieder in Balance zu kommen, aus wie auch immer gearteter Einseitigkeit herauszufinden. Diese innere Balance ist für mich mit dem Wort „Heiterkeit" noch besser beschrieben.

Die Bedeutung einer humorvollen, heiteren Gemütsverfassung als Ausdruck seelischer Gesundheit ist von Alfred Adler (1870–1937), den Begründer der Individualpsychologie, immer wieder herausgestellt worden. Er geht davon aus, dass dieser Gradmesser des Gemeinschaftsgefühls eines Menschen dort leicht gelingt, wo wir prüfen, wie groß seine Bereitschaft ist, anderen Menschen zu helfen, sie zu fördern und zu erfreuen. Diese Fähigkeit, Freude zu bereiten, bewirkt, dass solche Menschen größerem Interesse begegnen. Sie kommen durch ihre Art ihren Mitmenschen leicht näher und werden so „automatisch“ rein gefühlsmäßig als viel sympathischer beurteilt als andere Menschen. Adler begründet diese humorvolle Offenheit durch Hinweise auf die „sozial verbindenden Affekte“ der Freude und Heiterkeit. Diese sind für ihn wichtige Kennzeichen psychischer Gesundheit. Heitere Menschen sind demnach „gute Menschen“ und „Gutsein“ fördere Heiterkeit, ist Adler überzeugt.

Humor ist die Kunst, die Welt und das eigene Leben auch aus einer anderen Perspektive anzuschauen. Deshalb ist Humor nicht in erster Linie eine Methode guter Unterhaltung, sondern die Kunst differenzierter Wahrnehmung. In meiner Praxis halte ich deshalb seit 20 Jahren für schwierige Gesprächssituationen einen „Glückswürfel“ bereit, ein Kunstwerk des deutschen Konzeptkünstlers Timm Ulrichs (geb. 1940), das auf allen sechs Würfelseiten sechs Punkte zeigt. Diesen Würfel schenke ich denen, die mir in besonders aussichtslos scheinenden Situationen ihr Vertrauen schenken. Und ich habe es noch nie erlebt, dass mein kleines Geschenk meinem Gegenüber nicht ein spontanes Lächeln hätte entlocken können.

Eine Gruppe von Menschen muss hier noch gesondert erwähnt werden: Sie begeistern sich dreißig bis fünfzig Mal täglich restlos an einer Sache, stellen dabei drei- bis vierhundert Fragen und lachen dabei ebenso oft aus ganzem Herzen. Kinder, die eigentlichen Lehrmeister des Lebens, sind auch die besten Lehrmeister des Lachens und des Weinens.

II.

Resonanz des Miteinander: Zusammen verändern wir die Welt

Der schwedische Regisseur Kay Pollak feierte 2004 mit dem Chorgesangsdrama „Wie im Himmel" einen oscarnominierten Welterfolg. Die Hauptfigur dieses Films ist ein erfolgreicher Dirigent mit dem Künstlernamen Daniel Daréus. Während eines großen Konzerts erleidet er einen Herzinfarkt und muss deshalb seine Karriere beenden. Er zieht sich zurück an den Ort seiner Kindheit im Norden Schwedens. Niemand kennt seinen wirklichen Namen, keiner ahnt, dass er einer von ihnen ist, hier wie die meisten seiner Alterskollegen auch zur Schule gegangen ist und als Einziger von ihnen den Weg in die große Welt gefunden hat. Alle aber im verschlafenen Dorf wissen sie um seine Fähigkeiten als Dirigent und Musiker und laden ihn ein, den örtlichen Kirchenchor zu leiten. Nach seinem ersten Besuch klingt sein Kommentar wohlwollend ermutigend: „Da klingt schon vieles ziemlich schön!"

Nach und nach wachsen die Gemeinschaft und der Chor über sich hinaus. Die Menschen im Dorf erscheinen wie aus dem

Winterschlaf gerüttelt. Auch die, die nicht im Kirchenchor singen, wirken angesteckt und aufgeweckt, manche sogar aufgeschreckt aus ihrem eintönig bequemen Alltag. Einige fürchten um ihren Einfluss, wie der protestantische Pfarrer, dessen Predigten vor leeren Bänken ihn immer mehr belasten, andere erwachen buchstäblich zum Leben, haben plötzlich (wieder) Zugang zu ihren verschütteten Sehnsüchten und Träumen.
„Vertrauen haben", „stark und frei sein", „das Leben spüren", so beschreibt Gabriella in dem Lied, das Daniel für sie komponiert, den Himmel, den sie immer schon gesucht hat und jetzt durch die Gemeinschaft im Chor und ihr Singen ein Stück weit entdecken kann. Tore, der von vielen belächelte und nie ganz ernst genommene junge Mann mit Behinderung, erfährt im Dorf eine zuvor nie gekannte Akzeptanz und Wertschätzung, ein älteres Ehepaar sucht scheu nach Worten, um endlich ihre gegenseitige Liebe zur Sprache zu bringen, die Frau des Pfarrers verweigert sich dem ihr verordneten Stillschweigen und artikuliert endlich ihre Wünsche nach Nähe und Zärtlichkeit. Kurzum, durch Daniel gerät die alte Welt aus den Fugen, man könnte auch sagen: Durch einen einzigen Menschen erwacht ein ganzes Dorf zu neuem Leben und seine Bewohner ahnen, was der Himmel schon auf Erden bedeuten könnte.
Oft habe ich die Ermutigungsgeschichte dieses Films erzählt, in Radiointerviews und Fernsehbeiträgen darauf hingewiesen. Und sehr gerne habe ich auch die Einladung zur Wien-Premiere des Folgefilms „Wie auf Erden" angenommen. Beim Betreten des Ki-

nos kommt ein herzlicher, groß gewachsener Herr auf mich zu, stellt sich als Kay Pollak vor und spricht mich mit meinem Vornamen an, sodass ich an eine zufällige Namensgleichheit denke und zu ihm sage, dass er mich mit jemandem verwechseln müsse. Er aber lächelt und erklärt mir, ein Freund hätte ihm von meinen Kommentaren zum Film „Wie im Himmel“ erzählt und ihm diese sogar ins Schwedische übersetzt. Darum wollte er mich unbedingt kennenlernen und hier treffen, um mir dafür zu danken. Das wiederum hat mich so sehr berührt, dass ich diese unerwartet herzliche Erfahrung seither als eine meiner Begegnungskostbarkeiten unverlierbar im Herzen trage und davon hier erzählen muss, weil ich stimmiger wohl kaum am eigenen Leib zu erfahren vermag, was mit Resonanz gemeint ist.

Der ermutigte Mensch

Der vielleicht bekannteste Satz des Aktionskünstlers Joseph Beuys (1921–1986) lautet: „Jeder Mensch ist ein Künstler." Damit legt er im Blick auf den Menschen das Augenmerk auf einen Bereich, der zwischen den beiden Weltkriegen des vergangenen Jahrhunderts in Vergessenheit zu geraten drohte. Nicht das, was der Mensch kann, stand im Mittelpunkt des Interesses, sondern die Angst vor dem, wozu der Mensch (noch) fähig ist. Wer aber den Menschen als Künstler betrachtet, fürchtet sich nicht vor ihm, sondern geht neugierig auf ihn zu und möchte herausfinden, worin dessen Kunst besteht und wie er diese seine Kunst anderen zur Verfügung stellen könnte.

Egal, aus welcher Perspektive der Mensch betrachtet wird: Bei allem, was er tut, wird er immer ein Suchender sein. Das deutsche Wort „Suche" heißt im Altgriechischen „Skepsis". Im Grunde ist der Mensch von der Wiege bis zur Bahre im besten Sinne des Wortes ein Skeptiker, ein Suchender auf seinem Weg. Er versucht, sich in einer immer komplizierter werdenden Welt zurechtzufinden, dort etwas zu entdecken, das ihm entspricht, das ihm nicht nur passt, sondern das so zu ihm passt wie der Schlüssel ins Schloss. Darum heißt es an den entscheidenden Stellen in allen Biografien großer Menschen: Sie haben gefunden, was sie suchten und mit einem Mal gewusst: Das endlich ist es, was ich will!

Auf dem Weg dahin verirren sich die Suchenden immer wieder. Darum beschrieb der Arzt und Psychoanalytiker Alexander Mitscherlich (1908–1982) die Identität eines Menschen als die Summe seiner Erfahrungen aus Irrungen und Wirrungen. Identität zu haben bedeute deshalb für einen Menschen, so Mitscherlich, zu den tausend Irrtümern und Fehlern des eigenen Lebens stehen zu können und in ihnen den entscheidenden persönlichen Erfahrungsschatz zu erkennen. Unser Leben besteht nicht nur aus Höhepunkten und Siegen. Niederlagen sind schmerzliche Erfahrungen, die wir niemandem wünschen sollten, aber auch niemandem ersparen können. Genau betrachtet sind es die Tiefpunkte im Leben, von denen wir mehr zu lernen scheinen als von den Höhepunkten. „Nichts ist schwerer zu ertragen als eine Reihe von guten Tagen“, vermutete schon Johann Wolfgang von Goethe.

Die Begeisterung (wieder)entdecken

Was Menschen brauchen, um das unverwechselbar Eigene zu finden, sind Weggefährten, die sie einladen, ihren Horizont zu erweitern und ihnen neue Perspektiven eröffnen. Allerdings funktioniert das nur, wenn es im Leben dieser Menschen irgendetwas gibt, wofür sie sich begeistern können. Begeisterung ist der Jungbrunnen einer Gesellschaft und der Gradmesser für ihre Lebensqualität und seelische Verfassung.

Der Begriff „Begeisterung“ ist in diesem Zusammenhang deshalb so wichtig, weil er helfen kann, die Krise einer Gesellschaft besser zu verstehen: Menschen, denen es an Begeisterung fehlt, werden mit der Zeit krank, und kranke Menschen ohne Perspektive formen nach und nach auch eine kranke Gesellschaft. Wenn die Zahl der „Entgeisterten“ überhandnimmt, zieht anstelle von Begeisterung der Verwaltungsgeist ein. Die Weltgesundheitsorganisation WHO sagt den westlichen Industriestaaten für die nächsten Jahre den Anstieg von Angststörungen und depressiven Erkrankungen voraus. In Zwiesprache mit der Hirnforschung kann die Schlussfolgerung daraus doch wohl nur lauten: Unsere Gesellschaft muss sich verändern, das menschliche Miteinander muss in allen Lebensbereichen neu überdacht werden, die Behandlung von Kranken in einem größeren Zusammenhang gestellt, der Umgang mit jungen Menschen in dieser Gesellschaft aus einer völlig neuen Perspektive betrachtet werden. Ob Partnerschaft, Elternhaus, Kindergarten, Schule, Politik, Krankenhaus, Therapie oder Seelsorge: Die Frage lautet, ob diejenigen, die dafür verantwortlich sind, sich für das, was in ihrer Macht steht, noch zu begeistern sind.

Die frohe Botschaft aus der Hirnforschung dazu lautet: Es könnte sich alles ändern, wenn es den Menschen nur gelänge, sich (wieder) für irgendetwas zu begeistern. Freilich müssten dabei möglichst viele sich in der Kunst üben, Menschen einzuladen, neue, andere Erfahrungen zu machen und sie müssten möglichst vielen Beteiligten vermitteln können, dass sie das gerne tun und dass sie die Menschen mögen, mit denen und für die sie das tun. Weil in diesem Zusammenhang gerade diejenigen solche Erfahrungen besonders brauchen, die Schwierigkeiten machen, müssten möglichst viele Verantwortliche möglichst viele von denen mögen, die sie im Moment überhaupt nicht leiden können. Damit fängt jede Therapie und jeder Lernprozess bei einem selbst an: bei der Fähigkeit, dass man sich in andere Menschen hineinversetzt und dort etwas findet, was man mögen kann.

Wie das funktionieren und welche Auswirkungen das auf beiden Seiten haben kann, erzählte der mehrfache Jugendbuchpreisträger und Kärntner Volksschullehrer Hans Müller. Er hätte in seiner Anfangszeit in den 1960er-Jahren als junger Lehrer in der einklassigen Volksschule in der Asten im Kärntner Mölltal die Ehrlichkeit und die Unverfälschtheit der Kinder kennen- und lieben gelernt und dabei ein Lehrer-Schüler-Verhältnis wie aus dem Bilderbuch der Pädagogik erleben können. Als der junge Lehrer damals einen seiner Schüler zum wiederholten Lesen eines bestimmten Wortes auffordert, womit der Bub seine echte Not hat, und er ihn letztlich aus lauter Mitleid nicht weiter damit quälen will, atmet sein Schüler erleichtert auf und sagt zum Lehrer: „Lesen konn i net, aber di, Lehrer, hon i gern!" („Lesen kann ich nicht, aber dich, Lehrer, hab ich gern.")

Ein Mensch, der einem anderen Menschen das Gefühl vermittelt, gemocht, gerngehabt, ja geliebt zu werden, ist dann auch ein Mensch, der dem Gegenüber hilft, wieder in die Kraft zu kommen und seine Potenziale zu entfalten. Was dieser dabei zuallererst können muss, ist nicht, seine Verliebtheit ins Fachgebiet unter Beweis zu stellen, sondern die Verliebtheit darin, Begeisterung an andere Menschen weiterzugeben. Das geht, es ist möglich, weil bei allen Unterschieden, die Menschen voneinander trennen, die beiden Grundkoordinaten gleich bleiben: Jeder will angenommen und willkommen sein, und jeder will dort, wo er sich angenommen weiß, zeigen können, was er kann. In geglückten Begegnungen bringt jeder jeden auf neue Gedanken und keiner vermag zu sagen, wer dabei der Schenkende und wer der Beschenkte ist.

Verschüttete Kräfte freilegen

Um das zu ermöglichen, müssen keine Patentrezepte erfunden oder neue Haltungen entwickelt werden. Es genügt, Menschen die Gelegenheit zu geben, die Haltung, die sie als sechs Monate altes Baby oder als dreijähriges Kind schon hatten, wiederzufinden. Diese ist ihnen nämlich irgendwann auf ihrem Lebensweg abhandengekommen und darin besteht ja das Dilemma. Deshalb geht es auch in der Therapie nicht darum,

Patienten zu helfen, neu zu werden, sondern ihnen („lediglich“) zu helfen, das wiederzufinden, was sie im Laufe ihres Lebens nach und nach verloren haben. Sie zu unterstützen, wieder Zugang zu finden zu diesen Kräften, die am Anfang ihres Lebens schon einmal da waren.

Wenn es so gelingt, einen Menschen tatsächlich zu berühren, dass er wieder in Kontakt kommt mit seinen innersten Kräften und Sehnsüchten, und wenn er das Gefühl hat, dass das lebbar ist, was da an Sehnsucht in ihm schlummert, kann daraus ein wunderbarer Heilungsprozess werden, der aus dem Innersten des Geheilten kommt. Therapien dauern deshalb oft endlos lange, weil der entscheidende Punkt nicht gefunden wird. Kann er aber gefunden werden, bewirkt oft schon eine kurze Therapie wahre Wunder, und dieses Wunder hängt dann unmittelbar damit zusammen, dass ein Mensch wieder in Kontakt kommt mit seinen Sehnsüchten und dass er wieder anfangen kann, daran zu glauben, dass diese Sehnsucht lebbar ist. An dieser Stelle weiß dann auch ein Therapeut sehr schnell, dass nicht er es ist, der einen anderen Menschen heilt, sondern dass er „Hebamme“ sein durfte und einem anderen Menschen dabei helfen konnte, seine eigenen Selbstheilungskräfte wieder zu aktivieren, die er schon vergessen hatte oder verloren glaubte.

Eine neue Art von Emanzipation

Ein deutliches Zeichen unserer Zeit ist eine neue Art von Emanzipation, in der die Menschen nicht mehr auf Paradelösungen von oben warten, sondern von unten nach oben für Entwicklungen sorgen, die die Menschen weltweit aufhorchen lassen.

Die neue Ikone der Klimabewegung, Greta Thunberg (geb. 2003) zum Beispiel. Die damals 15-Jährige demonstrierte jeden Freitag vor dem schwedischen Parlament gegen die Klimakatastrophe und wurde so zur Galionsfigur der globalen Bewegung „Fridays for Future". Ihr Credo: Sie hätte mit [damals] 15 Jahren schon gelernt, dass man niemals zu klein wäre, um einen großen Unterschied zu machen. Wenn es ein paar Kindern, die einfach nicht zur Schule gehen, möglich sei, auf der ganzen Welt für Schlagzeilen zu sorgen, könnte man sich ja wohl auch vorstellen, was wir alle miteinander erreichen könnten, wenn wir das nur wollten. Aber dazu müsste man eben Klartext reden, egal, wie unangenehm das auch wäre. Den Verantwortungsträgern wirft sie vor, dass diese nur deswegen vom ewigen Wirtschaftswachstum reden, weil sie Angst hätten, sonst nicht mehr gewählt zu werden. So sprächen sie immer nur davon, mit denselben schlechten Ideen, die uns in die Misere gebracht haben, weitermachen zu wollen. Dabei wäre es das einzig Sinnvolle, die Notbremse zu ziehen.

Die junge Frau spricht in klaren Worten die Vermutung aus, dass Erwachsene an den Hebeln der Macht offensichtlich nicht erwachsen genug wären, um klar auszusprechen, was endlich ausgesprochen werden müsste. Selbst diese Bürde würden sie den Kindern überlassen. Ihr ginge es nicht darum, bekannt zu sein, sondern einzig und allein um Klimagerechtigkeit und um einen lebenswerten Planeten. Sie tue das deswegen, weil sie nicht tatenlos zusehen könnte, wie unsere Zivilisation für die Chancen einer kleinen Gruppe, die immer mehr Geld verdiene, geopfert werde. Unsere Biosphäre werde dafür geopfert, damit reiche Menschen in Ländern wie in ihrer Heimat Schweden in Luxus leben könnten, und so wären es die Leiden vieler, die für den Luxus der wenigen zu bezahlen hätten. Unter dem Motto: „Ihr stehlt euren Kindern die Zukunft!" hielt Greta Thunberg bei der UN-Klimakonferenz 2018 in Kattowitz in Polen die folgende eindrucksvolle Rede:

> „2078 werde ich meinen 75. Geburtstag feiern. Wenn ich Kinder habe, werden sie vielleicht den Tag mit mir verbringen. Vielleicht werden sie mich nach Ihnen fragen. Vielleicht werden sie fragen, warum Sie nichts unternommen haben, obwohl noch Zeit dazu war. Sie sagen, dass Sie Ihre Kinder mehr als alles andere lieben, aber gleichzeitig stehlen Sie ihnen ihre Zukunft vor den Augen weg. Bis zu dem Zeitpunkt, an dem Sie beginnen, sich auf das zu konzentrieren, was getan werden muss und nicht was politisch möglich ist, wird es keine Hoffnung geben.
> Wir können eine Krise nicht lösen, ohne sie als eine Krise zu behandeln. Wir müssen die fossilen Brennstoffe im Boden lassen. Wir müssen den Fokus auf Gerechtigkeit lenken. Wenn es unmöglich ist, Lösungen im bestehenden System zu finden, sollten wir das System an sich ändern. Wir sind nicht hierhergekommen, um vor Weltpolitikern darum zu betteln, dass sie sich kümmern. Sie haben uns in der Vergangenheit ignoriert und Sie werden uns wieder ignorieren. Uns gehen langsam die Ausreden aus, uns läuft die Zeit davon! Wir sind hierhergekommen, um Ihnen mitzuteilen, dass ein Wandel kommen wird, egal, ob

Sie es wollen oder nicht. Die wirkliche Macht gehört den Menschen. Vielen Dank."[26]

Anfang 2019 fährt sie über 65 Stunden mit dem Zug von Schweden nach Davos zum Weltwirtschaftsforum, kommt dort am 23. Jänner an und nimmt an den folgenden drei Tagen mit ihrem Demonstrationsschild „SKOLSTREJK FÖR KLIMATET" – „SCHULSTREIK FÜRS KLIMA" an der Konferenz teil. Auch zum „R20 Austrian World Summit" am 28. Mai 2019 reist sie mit dem Zug nach Wien und trifft hier neben vielen anderen auch den Gründer des Gipfels, Arnold Schwarzenegger, der allerdings aus Kalifornien mit dem Privatjet angeflogen kommt. Zum Klimagipfel der Vereinten Nationen am 23. September 2019 in New York reist die Umweltaktivistin per Segelschiff an. Zwei Profisportler – darunter der Sohn von Prinzessin Caroline von Monaco – bringen die 16-Jährige an Bord einer emissionsfreien Hochseejacht in die USA. Die Reise dauert zwei Wochen. Mit an Bord ist auch Thunbergs Vater.[27]

Eine Welt gefangen in bequemer Unmündigkeit

„Es ist so bequem, unmündig zu sein", sagte schon Immanuel Kant. Und auf jeden Fall scheint es bequemer zu sein, anstatt hinzuhören, nachzudenken und dann Schritt für Schritt umzudenken, diejenigen, die uns zum Nach- und Umdenken bewegen wollen, anzugreifen und mundtot zu machen. Bereits in der griechischen Antike wurden die Überbringer schlechter Nachrichten geköpft. Und so kreisen im Moment im Internet perfide Geschichten, die die schwedische Klimaschützerin verunglimpfen wollen. Ihr wird beispielsweise unterstellt, nur vom Vater benützt zu werden, um Aufmerksamkeit zu erregen.

Hartmut Rosa spricht in diesem Zusammenhang von einer umfassenden Krise der Resonanzverhältnisse, von einem strukturell verursachten „Weltverstummen" und vermutet in diesem Zusammenhang, dass die Krise der Moderne eine Krise der Weltbeziehung sei, eine Krise der Art und Weise, wie die moderne Gesellschaft institutionell und kulturell in ihren Grundfesten erschüttert wird.[28] In diese Krise hinein muss für Menschen, die meinen, politisch und wirtschaftlich das Sagen zu haben, die Stimme einer jungen Frau irritierend und beschämend wirken. Trotzdem spricht gerade deshalb eigentlich alles dafür, dass dort, wo die Macher verstummen, Kinder und Jugendliche in ihrer Art des Mit- und Weiterdenkens das Ruder vielleicht noch herumzureißen imstande wären. Denn allen könnte rein rechnerisch bewusst sein, dass in einer begrenzten Welt unbegrenztes Wachstum nicht möglich ist.

In einer endlichen Welt kann es kein unendliches Wachstum geben. Die Grenzen des Wachstums ergeben sich allein schon aus der Knappheit der Rohstoffe und der Belastbarkeitsgrenze der Umwelt. Entweder wir gehen blind auf einen chaotischen Zusammenbruch zu oder es gelingt „in letzter Minute" eine unter anderem von Greta Thunberg und vielen anderen geforderte Änderung im Sinne einer nachkapitalistischen Wirtschaftsform. Eine ökologische Kreislaufwirtschaft zum Beispiel, die alles regional erwirtschaftet, aufs Auto verzichtet und bewusst schrumpft! Wo kommt denn der Überschuss an Geld an den Finanzmärkten her? Wie entsteht denn ein fairer Preis? Wer hinterfragt das Geld und das Unternehmertum der Banken? All diese Fragen scheinen von Verantwortlichen nicht beherzt genug gestellt geschweige denn zufriedenstellend beantwortet zu werden, wohl auch deshalb, weil die Antworten darauf unweigerlich mit Umdenken, Machtverlust und Verzicht verbunden sein müssen. Anstatt gemeinsam nach Lösungen und effizienten Wegen aus der Krise zu suchen, verstecken sich viele hinter patriarchalen, nicht hinterfragbaren Strukturen.

„Patriarchales Denken unterstellt patriarchalen Zugriff durch einen Patriarchen. Denn, dass Frauen Eigenständigkeit oder Veränderungswillen besitzen, ist für manche schlichtweg nicht vorstellbar."[29] Es gibt viele Anzeichen dafür, dass sich dieses patriarchale Denken auf Dauer nicht mehr wird durchsetzen können; die im Moment imponierende Anzahl von unreflektierten Egomanen auf der Weltbühne liest sich wie die paradoxe Intention dessen, was uns erwartet: Zu lange haben Menschen vergeblich auf einen Erlöser gewartet, auf einen Politiker, einen Philosophen, einen geistlichen Meister, einen Lehrer, der sagt, was sie zu tun hätten. Wer und was die Menschen retten kann, sind die Menschen selbst, sind die Selbstheilungskräfte, die Menschen aneinander aktivieren können. Alle zusammen brauchen sie nicht so sehr einzelne Führerfiguren und Helden, sondern vielmehr heldenhafte Entscheidungen von möglichst vielen Menschen.

Der einzige Liebesdienst, den Menschen dabei füreinander leisten können, besteht in gegenseitiger Ermutigung, die in jedem Menschen schlummernden „heldenhaften" Selbstheilungskräfte zu aktivieren. Für eine Welt, in der Menschen leben, tragen alle Menschen gemeinsam die Verantwortung. Eine erste wichtige Erkenntnis dabei wird darin bestehen, die Probleme nicht allein lösen zu können. Das fordert im Grunde auch niemand. Wohl aber könnte jedem Menschen eine kleine, positive Veränderung zugemutet werden, eine, die darin besteht, genau hinzuschauen und zu erkennen, was da in dieser Welt los ist, was Menschen täglich zugemutet wird, wo sie zuschauen und/oder kommentarlos mitspielen; wer dabei meinen sollte, auf einen allein komme es nicht an, der sei an das Wort des Dalai Lama erinnert: „Wer glaubt, dass einer allein nichts auszurichten vermag, hat noch nie eine Gelse in seinem Schlafzimmer erlebt!"

Ein erster Schritt, aus einem System, dem man sich ohnmächtig ausgeliefert fühlt, gedanklich herauszutreten, besteht darin, sich zu fragen, was da überhaupt vor sich geht, wo da jemand willen- und gedankenlos gefügig mitspielt, wie die drei Affen, die mit ihren Händen Augen, Ohren und Mund verschließen, um nichts sehen, hören und sagen zu müssen. Wenn ich die Zeichen der Zeit richtig zu deuten vermag, glaube ich trotz der clownesken Attitüde des aktuellen politischen Welttheaters am Horizont einen kleinen Funken der Hoffnung erkennen zu können.

ermutigung

wenn
wenn ich
wenn ich nicht
wenn ich nicht rede
weil andere viel besser reden
dann wird es mir wohl nie gelingen
was in mir schlummert anderen zu sagen

wenn
wenn ich
wenn ich nicht
wenn ich nicht handle
weil andere das besser können
dann wird es mir wohl nie gelingen
was in mir schlummert anderen zu zeigen

wenn
wenn ich
wenn ich nicht
wenn ich nicht singe
weil andere viel besser singen
dann wird es mir wohl nie gelingen
aus ganzem herzen einfach nur zu singen

Arnold Mettnitzer

Resonanz und digitale Transformation

Im Augenblick ereignet sich eine „digitale Transformation", die weltweit die ganze Gesellschaft erfasst. Das Sonderbare dabei ist, dass der Mensch Geräte gebaut hat, die schlauer sind als er. Sein Smartphone zum Beispiel merkt sich mehr Dinge, als er sich merken kann. Dieses Gerät kann alles besser, orientiert sich schneller, lernt ständig dazu, kann fast alles besser als der Mensch. Eine solche Entwicklung zwingt den Menschen, darüber nachzudenken, was ihn denn eigentlich noch von diesen Geräten unterscheidet.

Der Gehirnforscher Gerald Hüther ging auch dieser Frage nach und berichtete von einem Freund, der soeben von einer großen Konferenz in Houston in Texas zurückgekommen war.[30] Dort hatten führende Experten über „künstliche Intelligenzentwicklung" nachgedacht und sich dabei zum ersten Mal deutlich eingestehen müssen, dass sie im Grunde nicht mehr weiterwissen. Die KI-Entwickler sind laut Hüther an dem Punkt angelangt, an dem ihnen bewusst ist, dass den von ihnen gebauten Maschinen für die weiteren Programmierungsprozesse etwas ganz Entscheidendes fehlt – etwas, das ihnen nicht einprogrammiert werden kann: Bedürfnisse. Maschinen haben keine. Menschen aber sehr wohl!

Und weil Menschen Bedürfnisse haben, können sie auch kreative Ideen entwickeln, die diese befriedigen. Freilich bedeutet das dann nicht automatisch, dass jedes Bedürfnis gleich zu einer guten Idee führt, und schon gar nicht, dass kreative Bedürfnisbefriedigung schon automatisch ein gelungener Weg zum Glück sein muss. Auch bedeutet das Befriedigen eines Bedürfnisses noch lange nicht, dass damit alle Sehnsüchte eines Menschen gestillt werden können. Wohl aber schlummern in jedem Menschen neben seinen Bedürfnissen ungeahnte Potenziale, die es gemeinsam zu stimulieren und zu entwickeln gilt, und gerade darin liegt ja die Qualität und die Herausforderung der digitalen Transformation. Das Problem der neuen Technologien besteht in einer Art „Zauberlehrlingseffekt“, wenn der Mensch die Lösung seiner Probleme in die Hand dieser Maschinen zu legen versucht, anstatt diese Maschinen in seinem Sinne arbeiten zu lassen. Ein Sprichwort sagt: „Wo jeder gibt, was er hat, dort werden alle satt!“ Maschinen können sich nichts Gutes ausdenken, und weil sie kein Bedürfnis haben, sich etwas auszudenken, womit sie anderen Freude machen, können sie auch nichts füreinander wollen.

Und so landen wir wie von selbst auf der Suche nach Wegen zu einem geglückten Leben, bei der Suche nach dem sprichwörtlichen „Platz an der Sonne“ bei den zwei Herausstellungsmerkmalen, die wir für uns Menschen in Anspruch nehmen können: nämlich beim Gemeinschaftsgefühl, also bei der Erfahrung, wie gut es dem Menschen tut, nicht allein gelassen zu werden und in dem Gefühl der Verbundenheit, etwas zu können, was wir „Ko-Kreativität“ nennen, ein Miteinander, das mehr zu schaffen vermag als die Summe seiner Teile. Diese beiden Eigenschaften als Herausstellungsmerkmale nennen wir „Intentionalität“, damit ermutigen und helfen wir uns gegenseitig und damit unterscheiden wir uns von den Maschinen. Wenn hingegen wir bei dem, was wir tun, nur auf das starren, was Maschinen von uns „erwarten“, dürfen wir uns nicht wundern, dass wir von den Erwartungen, die wir aneinander richten, enttäuscht werden müssen oder zumindest nach und nach darüber erschrecken, wie wir uns – ohne das zunächst zu durchschauen – gegenseitig instrumentalisieren und auf reines Funktionieren reduzieren.

Dieses reine Funktionieren steht aus produktionstechnischer Sicht auf der „Haben-Seite“ der Maschinen. Ihre Berechenbarkeit im wahrsten Sinne des Wortes macht in vielen Bereichen ihre Effizienz aus. Kein Wunder, dass seit Beginn der Industriellen Revolution die Tendenz stieg, auch den Menschen maschinengleich optimieren zu wollen. Entsprechende Konzepte folgten – von der Erziehung, der Arbeitsdisziplinierung bis zur Medizin. Ein Phänomen, an dem wir im Westen bis heute leiden und das sich nur langsam ändert. Daher hat auch eine der gefürchtetsten Krankheiten mit Effizienz – vielmehr deren Fehlen – zu tun. Was passiert mit uns, wenn das Zentrum dessen, was uns von den Maschinen unterscheidet, nicht mehr funktioniert? Was machen wir, wenn die Demenz unsere Kreativität und unser Fühlen nach und nach lahmlegt? Was passiert, wenn unser Gehirn sich „irreparabel“ verändert?

Demenz ist kein Schicksal, dem man nicht entrinnen könnte. Freilich: Bei gleichbleibenden Gedankenmustern, mit denen uns die Wissenschaft bisher die Ursachen von Demenz erklärt hat, wird es nach wie vor schwierig sein, Hoffnung zu verbreiten; das einzige Mittel dagegen werden weiterhin Medikamente sein, die die Abbauprozesse im Gehirn verzögern, aber nichts an der Wurzel zu ändern vermögen. Seit 50 Jahren versucht die Wissenschaft auf diesem Weg, etwas gegen die Demenz zu unternehmen.

Als Alternative dazu erzählt Gerald Hüther oft von David A. Snowden, einem Epidemiologen und seinem Forscherteam, die den Beweis erbringen konnten, dass ein stark verändertes Gehirn nicht zwingend zum Tod von geistig anspruchsvollen Tätigkeiten führen muss. Ab 1986 lief eine Studie unter der Beteiligung von 678 katholischen Nonnen aus der Kongregation der „Armen Schulschwestern von Unserer Lieben Frau“ *(School Sisters of Notre Dame)* im Alter zwischen 75 und 106 Jahren. Sie waren zu 85 Prozent neben ihrer geistlichen Tätigkeit als Lehrerinnen in der College-Ausbildung aktiv gewesen.[31]

Jedes Jahr unterzog Snowden diese Frauen einem international üblichen Demenztest und stellte dabei fest, dass die Nonnen weit seltener als Menschen außerhalb der Klostermauern im Alter an Demenz erkrankten. Er traf die Vereinbarung, nach dem Tod ihre Gehirne untersuchen zu dürfen. Was er dabei feststellte, erstaunte ihn: Kaum eine dieser Nonnen hatte eine Demenz entwickelt, dabei waren viele von ihnen über 100 Jahre alt geworden. Ihr Gehirn allerdings zeigte genauso oft wie bei der normalen Bevölkerung degenerierte, mit Ablagerungen versehene Regionen im Hirn.

Mit den alten Denkmustern konnte man sich nicht erklären, wie es möglich war, dass trotz eines defekten Gehirns keine Demenz auftrat. In einem neuen Denkmuster allerdings stellt sich die Frage anders: Was im Leben eines Menschen ist dafür verantwortlich, dass sich trotz seiner defekten Gehirnregionen keine Demenz entwickelt? Ein solches Denkmuster wirft zunächst ein altes Weltbild durcheinander und setzt die Erkenntnis voraus, dass Menschen keine Maschinen sind und deshalb auch nicht wie Maschinen funktionieren. Eine Medizin allerdings, die den Menschen als Maschine und sich selbst als Reparaturmedizin begreift, gerät angesichts solcher Fragestellungen an ihre Grenzen. Sie repariert die Maschine Mensch so lange, bis sie abgenutzt und verbraucht nicht mehr zu reparieren ist. Eine solche „mechanistisch-reparaturmedizinische“ Sicht verlangt nach einem Paradigmenwechsel, der anstelle des Ausdrucks „Reparatur“ das Wort „Regeneration“ setzt. Weil das Leben nicht wie eine Maschine funktioniert, organisiert es sich auch anders. Leben trägt die Kraft der Regeneration in sich. Das zu erkennen und darauf entsprechend zu reagieren, das ist die große Herausforderung unserer Zeit.

Damit lässt sich dann auch besser verstehen, dass alles Lebendige sich dadurch auszeichnet, dass es sich kontinuierlich aufbaut und auch abbaut. Leben ist ein kontinuierlicher Auf- und Abbau von Nervenzellverbindungen im Hirn. Bis ins hohe Alter kann man sich so noch eine neue Verschaltung ins Hirn bauen, vorausgesetzt allerdings, dass es im Leben dieses Menschen etwas gibt, wofür er sich begeistert, an das er glauben kann, was ihm Sinn gibt, und wo er im Sinne eines größeren Ganzen nach seinen Kräften, mit seinem „Vermögen", mit dem also, was er (noch) vermag, mitarbeiten kann. Aus vielen Untersuchungen und Erfahrungen im Umgang mit älteren Menschen wissen wir, dass ein Mensch, der in seinem Leben noch einmal etwas anfängt und sich dabei dafür restlos begeistert, er dabei für Verschaltungen in seinem Hirn sorgt, die ihm das Gefühl geben, bei dem, was er da tut, „so richtig gut" zu sein, Freude zu erleben und es gerne anderen zeigen zu wollen …

Vor diesem Hintergrund wird auch die „Erfolgsgeschichte" der Nonnen verständlich: Aaron Antonovsky hat das die „salutogenetischen Prinzipien" eines Menschen genannt, die darin bestehen, dort, wo ich bin, die Spielregeln zu durchschauen, das Spiel, das gespielt wird, mitspielen zu dürfen und dabei einen tragenden Sinn erkennen zu können. Wo diese drei Prinzipien ermöglicht werden, geht es einem Menschen „von innen her" gut und gerade dadurch aktiviert er seine in ihm schlummernden Potenziale zur Regeneration, zum Wiederaufbau und zur Selbstheilung. Das ist eine der „frohen Botschaften" neurobiologischer Erkenntnisse: Abbau und Zerfall sind immer und überall möglich! Aufbau, Regeneration und

Selbstheilung finden nur dort statt, wo es dafür optimale Bedingungen gibt!

Je mehr ein Mensch sich nicht alleingelassen fühlt, sondern sich geborgen weiß in einer Gemeinschaft, je mehr er dort versteht, was um ihn herum vor sich geht, je mehr er die geltenden Spielregeln dieser Gemeinschaft durchschaut und diese auch bejaht, sich dort nicht nur eingebettet weiß, sondern gemäß dieser Spielregeln auch mitspielen darf und darin einen tragenden Sinn erkennt, umso eher wird er Belastungen ertragen, an diesen vielleicht sogar wachsen und dabei auch gesund bleiben können.

Das lässt sich im Alltag (bei aller Laune der Natur, die uns täglich lehrt, dass auch das Gegenteil wahr sein kann) auch daran erkennen, dass derjenige, dem es gut geht, auch seltener krank wird. Wem es gut geht, der hat auch mehr Freude am Leben und steckt auch andere mit seiner Freude an. Aber: So wie die Freude ansteckend wirkt, steckt auch Klagsamkeit an. Das Schlimmste, das Menschen passieren kann, ist das Gefühl von Sinnlosigkeit. Da hilft es dann auch nicht, wenn die Spielregeln durchschaut werden und man mitspielen darf.

Wer rastet, der rostet

Die beiden Grundsehnsüchte eines Menschen bestehen zum einen in der Sehnsucht, nicht alleingelassen zu werden, und zum anderen dort, wo er sich zugehörig und geborgen weiß, zeigen zu können, was er kann. Diese beiden Glückskoordinaten bestimmen das Leben eines Menschen vom ersten Augenblick bis zum letzten Atemzug. Ruhestand, Rast, Untätigkeit scheinen demnach der inneren Bestimmung des Menschen fremd zu sein.

In Goethes „Faust“ findet sich der oft zitierte Satz: „Werd’ ich zum Augenblicke sagen: Verweile doch! Du bist so schön!“[32] Oft wurde daraus vorschnell der Schluss gezogen, das Ziel aller Sehnsucht läge im erfüllten Augenblick im Hier und Jetzt. Faust aber wettet um das Gegenteil. Sein Bestreben zielt nicht auf den Ruhestand als Sehnsuchtsort, nicht auf die „Pension“, auf das „Nichtstun“, sondern darauf, mit Mephistopheles zu wetten, dass es diesem nicht gelingen wird, Faust von seinem Streben nach immer mehr Wissen abzubringen: Sollte Faust sich aber aus dem Streben nach Wissen in die Bequemlichkeit verabschieden, so Fausts Angebot, dann dürfe ihn Mephistopheles ins Verderben mitnehmen, dann solle dies sein letzter Tag sein. Faust sagt hier wörtlich:

> „Werd’ ich beruhigt je mich auf ein Faulbett legen,
> So sei es gleich um mich getan! Die Wette biet’ ich!
>
> [...]
>
> Und Schlag auf Schlag!
> Werd’ ich zum Augenblicke sagen:
> Verweile doch! Du bist so schön!
> Dann magst du mich in Fesseln schlagen,
> Dann will ich gern zugrunde gehn!“[33]

Mephistopheles will Faust genau dazu bringen: nicht weiter zu streben, nicht mehr wissen zu wollen, zu verharren und sich letztlich auf dem „Faulbett“ auszuruhen. Das ist im Grunde das, was die Kirchenväter als die Gefährlichste der sogenannten sieben Todsünden nennen: Acedia, die Trägheit. Das Glück des Begehrens nach Goethe besteht demnach darin, sich „immer strebend“ zu bemühen. Und die Neurobiologie würde nach ihren Erkenntnissen ergänzen: Das Glück des Menschen besteht darin, von der Wiege bis zur Bahre mit der Welt in Resonanz zu stehen, von ihr sich nicht zurückzuziehen, mit ihr und an ihr zu wachsen und zu reifen.

„Gerettet ist das edle Glied
Der Geisterwelt vom Bösen,
Wer immer strebend sich bemüht,
Den können wir erlösen.“[34]

So singt der Engel schwebend in der höheren Atmosphäre, während er in seinen Händen die Unsterblichkeit des Dr. Faust trägt.

Die Sehnsucht anzukommen: Kohärenz

Bei allem, was Menschen miteinander und getrennt voneinander tun, geht es letztlich darum, in den kleinen und größeren Gemeinschaften, in denen sie ihr Leben verbringen, einen Zustand zu erreichen, den nicht nur ihr Hirn, sondern ihr ganzer Organismus am liebsten hätte. Gemeint ist ein Gefühl von Stimmigkeit, innerer Ruhe und Zufriedenheit, ein Zustand, in dem alles richtig gut passt, in dem man versteht, verstanden wird, gestalten kann und möglichst viel von dem, was man dabei erlebt, sinnvoll erlebt. Ihn streben alle lebenden Systeme an: das Herz, das Hirn, der Organismus auf der individuellen Ebene bis zu Partnerschaft, Familie, Freundeskreis, Ökosystem, der Welt im Außen. Aber: Diesen Zustand als Dauerzustand gibt es nicht! Solange wir leben, wird sich unser angestrebtes Ideal immer wieder von uns entfernen. Für einen Augenblick sieht es durchaus so aus, als könnten wir zufrieden sein, als wären unsere Wünsche erfüllt, dann aber ändert sich alles wieder …

Wie kein anderer vor ihm hat der griechische Philosoph Heraklit, den man in der Antike den Beinamen „der Dunkle“ gegeben hat, dieses Auf und Ab, dieses Hin und Her zu verstehen versucht und mit seinem Denken auf das Geheimnis des ewigen Wandels reagiert. Heraklit erblickte hinter und in diesem unaufhörlichen Wechsel ein einheitliches Gesetz, das er die „Einheit in der Vielheit und die Vielheit in der Einheit“ nennt. Das große Gesetz, nach dem sich aus der einen Urenergie unablässig die Vielheit entfaltet, ist die Einheit der Gegensätze. Alle Entwicklung geschieht im polaren Zusammenspiel gegensätzlicher Kräfte: „Gott ist Tag und Nacht, Winter und Sommer, Krieg und Frieden, Überfluss und Hunger.“ In der Spannung zwischen diesen beiden Polen gestaltet sich die harmonische Ganzheit der Welt.

In diesem Sinn ist für ihn der „Kampf", „der Krieg" – „aller Dinge Vater, aller Dinge König". Jedes Ding bedürfe nach Heraklit zu seinem Sein seines Gegenteils: wie der Bogen nach der Leier verlange, um mit ihr ein Ganzes zu bilden. Beide, Bogen und Saite, verstünden auseinandergenommen nicht, welchen Sinn sie hätten. Darum haben nach Heraklit diejenigen unrecht, die ein Ende allen Kampfes in einem ewigen Frieden herbeisehnen. Denn mit dem Aufhören der schöpferischen Spannungen würden totaler Stillstand und Tod eintreten. Darum – so der Philosoph – wäre es für den Menschen auch nicht gut, wenn er ans Ziel all seiner Wünsche käme. Denn es ist die Krankheit, die die Gesundheit angenehm macht, nur am Übel gemessen tritt das Gute in Erscheinung, am Hunger die Sättigung, an der Mühsal die Ruhe.[35]

Im Blick auf die Sehnsucht des Menschen nach Kohärenz bedeutet das, dass nie alles passt, dass immer irgendetwas nicht passt, und sollte immer alles passen, müssten wir gestorben sein. Solange wir leben, dürfen wir davon ausgehen, dass immer irgendetwas nicht passt, dass – wie es John Lennon ausgedrückt hat – Leben immer das ist, was passiert, während wir andere Pläne schmieden.

Sollten wir also immer noch der Meinung sein, dass wir die Welt so machen könnten, dass sie endlich zu uns passt, wäre das der definitive Beweis dafür, dass wir immer noch nicht verstanden haben, in welcher Welt wir leben. Sollten wir hingegen durch die Erkenntnisse der letzten Jahrzehnte angefangen haben, das Leben besser zu verstehen, dann könnten wir es immer und überall als Lernchance begreifen, als Gelegenheit, Erfahrungen zu sammeln, uns darüber zu freuen, dass es schon wieder etwas gibt, das nicht passt und das uns deshalb herausfordert, auf das, was da nicht passt, adäquat zu reagieren.

Demnach besteht das Ziel des Lebens nicht darin, danach zu trachten, dass alles passt, sondern vielmehr darin, jemand zu werden, der nichts dagegen hat, dass nie immer alles passt. So wird ein Mensch mit der Zeit einer, der, was immer da auch kommen mag, im Laufe seines Lebens es irgendwie gelernt hat, auf das, was nicht passt, so einzuwirken, damit es wieder passt. So lernt er, Konflikte zu lösen, Elend auszuhalten, an einem Problem dranzubleiben und nicht gleich die Flinte ins Korn zu werfen. In diesem Zusammenhang muss ich an ein Gespräch einer Enkelin mit ihrer Großmutter denken. „Oma", fragt die Enkelin, „wie hast du es geschafft, mit Opa siebzig Jahre lang verheiratet zu sein?" „Weißt du", antwortet ihr die Großmutter, „wir kommen noch aus einer Generation, die die Dinge, die kaputtgegangen sind, nicht weggeworfen, sondern repariert hat!" Mit einer solchen Einstellung besteht das Glück im Leben eines Menschen nicht darin, keine Probleme zu haben, sondern darin, an Schwierigkeiten und Problemen gewachsen und reif geworden zu sein, neue Probleme als Herausforderung zu sehen.

So besteht das Glück des Lebens nicht darin, alles zu haben, was man sich wünscht, sondern darin, das Leben so zu gestalten, dass dadurch ein Mensch immer besser jemand wird, der mit dem, was nicht passt, so umzugehen weiß, dass es immer wieder passt. Diesen immer wieder neu hergestellten Zustand nennen wir „Kohärenz". In diesem Zustand verbrauchen wir die wenigste Energie, dort fühlen wir uns wohl, diesen Zustand streben alle lebenden Systeme an. Und genau dieser Zustand ist es auch, durch den wir uns als Menschen von Maschinen unterscheiden.

Koordinaten zu einem neuen Verständnis von Kohärenz finden wir bereits 400 Jahre vor Christus in den sogenannten „Apollonischen Weisheiten" in der Vorhalle des Apollotempels in Delphi. Dort wurde der Pilger mit drei Inschriften begrüßt.

Die erste lautete: „Ei" – „Du bist" – „Schön, dass es dich gibt!" – „Ohne dich wäre die Welt um vieles ärmer!" In diesem Sinne sagen auch die Rabbinen, dass mit jedem Menschen eine neue Welt geboren wird und mit jedem Menschen eine ganze Welt stirbt. Immanuel Kants praktischer Imperativ sagt von diesem Menschen: Er wäre „stets ein Zweck an sich" und dürfe „niemals als Mittel zum Zweck für andere" missbraucht werden. Neurobiologen haben diesen Imperativ in ihren biologischen Forschungsergebnissen untermauert: Der Mensch als Gemeinschaftswesen hätte nach nichts mehr Sehnsucht als danach, von anderen Menschen als der, der er ist, bemerkt, wertgeschätzt, anerkannt, willkommen geheißen und geliebt zu werden. Joachim Bauer nennt deshalb den Menschen gar „eine Beziehungsbestie", deren größte Kränkung darin bestünde, von anderen übersehen, übergangen, „nicht einmal ignoriert" zu werden.

Der zweite Satz in der Vorhalle des Apollotempels lautete: „Gnothi sauton" – „Erkenne dich selbst!" Ferdinand Raimund lässt seinen Alpenkönig zum Menschenfeind sagen: „Du begehst die größte Sünde, du kennst dich selber nicht!" Die eigentliche Absicht des Apollokultes in der Antike war die Auflösung individueller Probleme und Fragestellungen durch die Auseinandersetzung mit der eigenen Persönlichkeit. Die Erkenntnis der „Innenwelt" diente damit als Zugang zur Problemlösung in der „Außenwelt".

Die dritte apollonische Weisheit lautet: „Meden agan" – „Ne quid nimis" – „Von nichts allzu viel!" – „Die Dosis macht das Gift."

Diese drei Zuwege werden in der Antike dem Pilger beim Betreten des Tempels zur Läuterung angeboten, zur Vorbereitung, um innerlich gefasst und „reinen Herzens" ins Heiligtum einzutreten. Dabei wird dem Individuum seine Rolle als unverzichtbarer Teil des größeren Ganzen bewusst. Gestärkt und ermutigt tritt es auf, betritt das Heiligtum und vergewissert sich dadurch seiner unverwechselbaren Rolle als wesentlicher Bestandteil eines größeren Ganzen. Das allerdings darf keinen neuen Mythos zur Folge haben, der sich im Kampf gegen allzu viel Demut und Bescheidenheit ins Pfauenrad solipsistischer Egomanie verliert und nur mehr darum besorgt bleibt, im Wettlauf um die besten Plätze stets Sieger zu sein. Wir kennen die verlockenden Gesetze des Jahrmarktes der Eitelkeiten, wir wissen aber auch darüber hinaus, wie gut es tut, im Mittelpunkt der Aufmerksamkeit zu stehen und zeigen zu können, was wir können. Doch auch hier macht die Dosis das Gift.

Das Glück, die Sehnsucht nach Kohärenz, die wir ja auch „die Sehnsucht nach dem Paradies" nennen können, verdankt der Mensch unter anderem seiner Urerinnerung an die ersten neun Monate seines Lebens im Urozean des Mutterleibes. Was er dort bereits kennengelernt und in seinem Hirn verankert hat, können wir die Glückskoordinaten seines Lebens nennen: das Verbundensein mit seiner Mutter sowie die Freiheit und Autonomie seiner Entwicklung. Seither gilt für ihn: Überall, wo er sich mit anderen Menschen verbunden weiß, nicht alleingelassen fühlt und dabei zeigen kann, was er kann, wird er sein Leben als kohärentes, gelungenes, geglücktes Leben empfinden. Und überall, wo er in einem seiner Grundbedürfnisse behindert wird, wird er es als „inkohärent" und nicht glücklich erleben, weil es ihm wehtut und ihn leiden lässt.

Wenn wir von Kohärenz reden, reden wir also im Grund von Momenten geglückten Lebens. Dann artikuliert sich durch die in jedem Menschen angelegte Kraft zur Horizontüberschreitung sein Ausgerichtet-Sein nach vorne gepaart mit der in ihm schlummernden Urerinnerung an das, woher er kommt, worin er schon einmal war und sich daher wünscht, es könnte wieder einmal so gut und stimmig sein wie damals! Wenn Alexander von Humboldt vermutet, dass all unserem Wissen „ein frühes Ahnen" vorausgehe, kommt auch dieses Ahnen vielleicht gerade aus dieser im Menschen unverlierbar gespeicherten Erfahrung? Wenn Ernst Bloch zum Abschluss seines Hauptwerkes „Prinzip Hoffnung" vermutet, dass der Mensch noch überall in der Vorgeschichte lebt, „ja alles und jedes … noch vor der Erschaffung der Welt, als einer rechten" steht, die wirkliche Genesis also nicht am Anfang geschehen ist, sondern erst am Ende geschieht und deshalb erst beginnt anzufangen, „wenn Gesellschaft und Dasein radikal werden, das heißt sich an der Wurzel fassen", – „so entsteht in der Welt etwas, das allen in die Kindheit scheint und worin noch niemand war: Heimat."[36]

Es war eine der zentralen Lebensaufgaben des Philosophen Jürgen Habermas, im Mythos als Beschreibung von unzugänglichen, wundersam erscheinenden Naturphänomenen die erste Form der Aufklärung zu sehen, diesen Mythos in ausdifferenzierten Gesellschaften Schritt für Schritt durch den Logos der Aufklärung abgelöst zu sehen und wie eine Kassandra darauf hinzuweisen, dass dabei den aufgeklärten Gesellschaften eine Tendenz innewohnt, den Moment zu übersehen, in dem dieser Logos der Aufklärung sich gegen sich selbst richtet und, entfremdet von seiner ursprünglichen Funktion, sich abermals zum Mythos verklärt.[37]

Mit einfacheren Worten: Die sich selbst verordnete Lebensaufgabe des Jürgen Habermas besteht darin, die Remythologisierung einer Entmythologisierung frühzeitig zu erkennen und als gesellschaftliche Pathologie zu entlarven.

Das aber soll nicht das Vorrecht eines einzelnen Philosophen bleiben. Es kann auf vielfältige Weise von möglichst vielen geleistet werden; zunächst dadurch, dass sich der Mensch als Skeptiker im besten Sinne des Wortes auf die Suche macht, Quellen freilegt, befragt und hinterfragt und dabei immer „auf der Suche" bleibt, in ständiger Spannung zwischen dem Blick zurück und dem Blick nach vorne, dabei alles prüft, das Gute behält (1 Thes 5,21) und das einmal als gut Erkannte nicht absolut setzt, sondern es immer wieder einer kritischen Prüfung unterzieht. So lässt sich diese Suche als lebenslange Skepsis beschreiben, die, wenn überhaupt, dann nur als ständige Pendelbewegung zwischen Mythos und Logos, Ewigkeit und Zeit, Sehnsucht und Erfüllung erlebt werden kann. Das alles in der Paradoxie eines ewigen Hin und Her zwischen dem Befriedigen eines Bedürfnisses und dem Stillen einer Sehnsucht – was ja immer wieder und wenn, dann mit durchaus erheblichen Folgen miteinander verwechselt wird.

HEUREKA! Der Weg ist das Ziel

Kohärenz zu erzeugen bedeutet immer auch, nach Wegen zu suchen, mit dem geringsten Aufwand das beste Ergebnis zu erzielen, sparsam und nachhaltig zu sein. Alles, was Stress erzeugt, erfordert einen erheblichen Aufwand an Energie. Jeder Zustand, der weniger Energie erfordert, tut mir gut und fühlt sich besser an. Immer wenn mich etwas stört und ich eine Lösung finde, wird Energie freigesetzt, weil der neue, entspanntere Zustand weniger Energie braucht. Diese Energie wird dann benutzt, um im Mittelhirn jene Zellgruppen zu aktivieren, die die Hirnforscher Belohnungszentrum nennen. Diese Zellgruppen „feuern" und schütten besondere Botenstoffe aus, die das wunderbar angenehme Gefühl vermitteln, etwas geschafft zu haben. Parallel zu diesem „Heureka-Gefühl"[38] wirken diese Botenstoffe ähnlich wie Dünger oder Wachstumshormone im Hirn, die dazu führen, dass gefundene Lösungen Probleme wieder kohärenter machen und dadurch neue Vernetzungen und Verschaltungen wachsen lassen, die aus kleinen Stegen ausgetretene Pfade und aus diesen breite Erfahrungsstraßen machen.

Was also im Hirn des Menschen strukturell verankert wird, sind nicht Probleme, sondern die gefundenen Lösungen! Allerdings achtet das Hirn dabei nicht darauf, ob diese Lösungen langfristig gut und nachhaltig sind. Ihm ist es wichtiger, dass zunächst einmal Ruhe einkehrt. Um diese Schwäche wusste auch schon der deutsche Zeichner und Autor Wilhelm Busch: Das 16. Kapitel seines „frühen Comics" „Die fromme Helene" beginnt mit dem Satz: „Es ist ein Brauch von alters her: Wer Sorgen hat, hat auch Likör!"[39] Der Mensch neigt oft dazu, Probleme zu betäuben – daher auch das weitverbreitete Problem von Süchten. Auf Dauer aber kann das nicht die Lösung sein.

Je länger man eine solche nicht gute Lösung praktiziere, umso größer und gefestigter wird der im Belohnungszentrum diesbezüglich ausgetretene Pfad sein und umso schwerer wird es fallen, bessere Lösungen an die Stelle der schlechteren Lösung zu setzen und sie so im Hirn zu verankern.

Weil dem Hirn jedes Mittel recht zu sein scheint, für Beruhigung zu sorgen, wäre es ratsam, diese Kurzsichtigkeit durch längerfristige Projekte und Perspektiven zu überlisten. Zum Beispiel durch ein Fernziel, auf das man (allerdings geht das nur, wenn man mit aller Leidenschaft daran glaubt) zusteuert und für das man bereit ist, auf vieles zu verzichten. Nur aus solchen Perspektiven kann jemand die Kraft finden, zum Beispiel ein Studium abzuschließen und eine langjährige Ausbildung erfolgreich zu Ende zu führen. Was wir dabei allerdings auch häufig beobachten können, sind Formen von Entlastungsdepressionen beziehungsweise am Ende eines langen Weges auftretende Enttäuschungen. Jahrelang hat man auf etwas hingearbeitet, plötzlich ist das Ziel erreicht und jetzt weiß man nicht mehr, wie es im Leben weitergehen soll, auch deshalb, weil das ideale Bild des angestrebten Berufes der vorgefundenen Wirklichkeit so ganz und gar nicht zu entsprechen scheint. Die jeweilige Beziehungskrise etlicher Ehepaare, deren Trauungspriester ich sein durfte, ist zu dem Zeitpunkt aufgetreten beziehungsweise für alle sichtbar geworden, nachdem sie miteinander ihr Fernziel, gemeinsam ein Haus zu bauen, erreicht hatten.

Das legt den Schluss nahe, dass es im Grunde nicht gut ist, im Leben ein Ziel anzustreben, das leicht erreicht werden kann. Darum rät Gerald Hüther, sich im Leben Ziele zu setzen, die man aus Überzeugung anstrebt, die man aber im Grunde nie zur Gänze erreichen kann. Ein möglicher Weg zum Erfolg könnte darin bestehen, sich zu wünschen, jemand werden zu wollen, von dem man weiß, dass sich das aller Wahrscheinlichkeit nach in diesem Leben nicht zur Gänze verwirklichen lassen wird. Aber: Immer wieder könnte man still Bilanz ziehen und sich fragen, ob man sich im Moment seinem Idealbild nähert oder sich gerade davon entfernt. Dabei könnte man sich auch fragen, ob man jemand sein könnte, der anderen Menschen Mut macht, ihre verborgenen Talente und Begabungen zu entdecken, die in ihnen schlummernden Potenziale zur Entfaltung zu bringen.

Amos Oz meint gar, dass jemand, dem es so gelingt, ein neues Wort zu bilden und in die Sprache einzuführen, damit die Ewigkeit berührt: „Ein Mensch, der imstande ist, ein neues Wort zu bilden und es in den Kreislauf der Sprache einzuführen, schien mir fast so bedeutend wie der, der das Licht und die Finsternis erschaffen hat: Hast du ein Buch geschrieben und ist dir das Glück hold, so lesen es die Leute, bis neue und bessere Bücher kommen und an seine Stelle treten, aber derjenige, der ein neues Wort zur Welt bringt, ist wie einer, der die Ewigkeit berührt."[40]

kohärenz

wenn etwas
gut gedeiht
gelingt und blüht
bleibt es uns
nicht verborgen

wenn etwas
nicht gelingt
nicht blüht
und nicht gedeiht
dann auch nicht

doch muss
was blüht
gelingt gedeiht
nicht gleich von weitem
sichtbar sein

auch nicht
wenn etwas
nicht gedeiht
und nicht gelingt
nicht blüht

auf dauer aber
bleibt uns nichts verborgen
das glück nicht
und auch nicht
die sorgen

Arnold Mettnitzer

Träume als Resonanzräume zwischen Bewusstem und Unbewusstem

Es ist die Pionierleistung Sigmund Freuds, des Vaters der modernen Psychoanalyse, den in der Antike und im Frühchristentum noch durchaus bewusst erlebten Resonanzraum zwischen Bewusstem und Unbewusstem wieder zugänglich gemacht zu haben. Dabei entdeckte er die Träume als die Königsstraßen zum Innersten des Seelenlebens. Träume seien „Briefe aus dem Unbewussten", weil sie uns Botschaften übermitteln, die für uns in besonderen Entwicklungsphasen oder Krisensituationen – aber nicht nur dort – außerordentlich wichtig und im besten Sinn des Wortes „lebensnot-wendend" erscheinen. Das allerdings bedeutet für die rational denkenden Meister der Zivilisation ein ziemlich radikales Umdenken, während das Kind und Zivilisationen, die sich die kindliche Dimension des Menschseins bewahren konnten, eine noch unverdorbene Beziehung zu den Prinzipien der Traumwelt haben.

Im Zentralgebirge von Malaysia lebt ein kleiner Stamm von circa 15.000 Ureinwohnern, die Senoi. Seit vielen Jahrhunderten wird dort nach mündlichen Überlieferungen eine einzigartige Traumkultur gepflegt. Beginnend mit den ersten Worten beim Frühstück dreht sich alles im Leben der Senoi um Träume. Die Familienmitglieder erzählen einander ihre Traumerinnerungen und geben kleinen Kindern erste Anleitungen, diese zu verstehen und so das im Traum Erlebte zu entschlüsseln und positiv zu deuten. Dadurch verlieren Traumerlebnisse ihre Bedrohlichkeit und werden in ein aktives und bewusstes Handeln im Alltag umgesetzt. Die „Entschlüsselung" der Traumerinnerungen erfolgt dabei unter der Leitung eines in Traumdingen erfahrenen Familienmitgliedes. Ziel dieser Arbeit ist es, „Herr und Frau des eigenen

Traumreiches" zu werden, das heißt, Kontrolle und Zusammenarbeit mit allen Kräften und Gestalten des Traumes erreichen zu können und sich so im Haus der eigenen Seele besser zurechtzufinden.

Diese Senoi-Traumkultur wird in der intimsten Beziehung der Eltern zu ihren Kindern übermittelt. Dabei handelt es sich nicht um eine Methode, sondern um eine Grundeinstellung zu sich selbst. Was wir in unserem Kulturkreis von diesen ursprünglichen Menschen lernen könnten, ist die Wirkung einer intensiven Beschäftigung mit Träumen auf die emotionale Reife eines Menschen. Denn im Traum ist der Mensch eins mit dem Unbewussten. Indem er lernt, seine Träume anzunehmen, die Erinnerung an sie zu bewahren und sie, soweit das möglich ist, zu verstehen, findet er zu einer zeitlosen Ordnung zurück und bewegt sich so dorthin, wo bei ursprünglichen Menschen wie den Senoi von innen her Festigkeit und sicherer Halt zu finden sind.

Wer sich mit seinen Träumen zu beschäftigen beginnt, nimmt ein Instrument in die Hand, das ihm hilft, wieder ursprünglicher zu werden. Das allerdings setzt voraus, sich vom Hochmut entwickelter Kulturen nicht verführen zu lassen und nicht zu glauben, als aufgeklärter Mensch Träume als archaisch-nutzlose Reste ignorieren zu können. Wer sich beherzt mit dem beschäftigt, was in seinem Inneren tagsüber und natürlich auch des Nachts vor sich geht, arbeitet an einer Herzensbildung und an einer Kultur, die im Einklang mit der Schöpfung steht. Traumbilder sind so verstandene Lebensbilder und eine Traumschule wird zur Lebensschule, die sich nicht an einer Ideologie oder Theorie orientiert, sondern an Grundwahrheiten, wie wir sie in allen Mythen der Völker weltweit finden können.

Weit über hundert Mal erzählt auch die Bibel von Träumen. Im Traum ist der biblische Mensch dem Göttlichen am nächsten. Ab dem zweiten Jahrhundert nach Christus allerdings verschwindet im Christentum dieses Traumbewusstsein. Und infolgedessen wird auch keine Theologie mehr entwickelt, die unerschrocken und beherzt das Unbewusste ins Leben zu integrieren versucht. Das hat wohl auch mit der Angst zu tun, damit ins Reich des Lebendigen zu gelangen, sich mit den Triebstürmen des menschlichen Seelenlebens auseinandersetzen zu müssen. Das frühe Christentum scheint davor Angst gehabt zu haben und daran interessiert gewesen zu sein, allzu Menschliches aus dem Leben zu verbannen. Sich aber gerade dieser Dimension zuzuwenden, wäre wichtig und „lebensnot-wendend". Und genau das können Träume uns lehren.

Mehr noch: Wenn die Dynamik des Unbewussten nicht bedacht wird, muss es zu chronischen Missdeutungen des Lebens kommen. Es ist nicht möglich, die Handlungsmotive eines Menschen wirklich zu verstehen, wenn man sich in der Betrachtung seines bisher verlaufenden Lebens einzig auf die Ebene des Bewussten konzentriert. Wer sich selbst kennenlernen möchte, wer die Welt zumindest in Ansätzen „verstehen" möchte, muss bereit sein, „das Ganze" in den Blick zu nehmen. Und zu diesem Ganzen in der menschlichen Erlebnisbreite gehört der Traum als „Wahrnehmung von innen her" wesentlich dazu.

Aus Anlass seines 80. Geburtstags wurde der Schauspieler Martin Schwab gefragt: „Wovon träumen Sie?" Seine Antwort: „Es ist nicht verboten, sondern sogar Pflicht zu träumen. Wach bleiben, damit die Träume nicht verloren gehen! Solange man noch positiv träumen kann, gibt es Hoffnung."[41] Das erinnert mich an das Wort eines Häuptlings der Indianer: „Wenn wir keinen Mut mehr zum Träumen haben, verlässt uns auch die Kraft zu kämpfen."

Die Welt als Erlebnis von äußerer und innerer Resonanz

Zusammen gestalten wir die Welt und scheitern doch immer wieder daran. Es lässt sich nicht bestreiten, dass Religionen einen maßgeblichen Einfluss auf die Welt haben. Hartmut Rosa spricht der katholisch geprägten kulturellen Welthaltung eine hohe Resonanzsensibilität zu, nicht zuletzt deshalb, weil Katholiken aufgeladene und in diesem Sinne sprechende Orte und Gegenstände haben, die den Menschen in ihrer Welthaltung und Weltgestaltung als Hilfsmittel zur Verfügung stehen. Kirchen, Wallfahrtsorte, Wegkreuze, Marterl, Reliquien, Weihrauch und Weihwasser, Männer als Priester, dazu Heilige, Schutzengel und Namenspatrone. „Die Welt erscheint so aus einer orthodox-katholischen Perspektive als ein Resonanzfeld, auf dem äußere und innere, irdische und überirdische Ereignisse, Prozesse und Phänomene einander beeinflussen" und so das Weltbild der Gläubigen nachhaltig prägen.[42] Es bestehe aber auch über den Blick auf die katholische Kirche hinaus, so Rosa, kein Zweifel daran, dass die immer komplexere und immer schwerer überschaubare Beziehung des Einzelnen zur Welt einem großen Wandel unterworfen ist. Dabei ändert sich nicht einfach nur die Art und Weise, in der der Einzelne auf die Welt bezogen und in diese gestellt ist, „sondern Subjekt und Welt selbst ändern ihre (Erscheinungs-)Formen"[43] ununterbrochen.

In dieser rasant voranschreitenden Veränderung, die über weite Teile als generelle Entzauberung der Welt wahrgenommen wird, erscheint auch das vermeintlich geschlossene Bild einer katholischen Gesellschaft schwer erschüttert. Durch die weltweit ans Tageslicht gekommenen Missbrauchsfälle befindet sich die römische Kirche in einer ihrer schwersten Krisen seit der Reformationszeit. Das stellt die Verantwortlichen vor große Herausforderungen. Nicht weniger groß aber erscheint die Verantwortung des Einzelnen in der – nicht nur katholischen – Gesellschaft zu sein. In Echtzeit wird er mit den relevanten und brennenden Themen seiner Welt konfrontiert und eingeladen, mitzudenken, mitzubestimmen, ja mitzuregieren.

In kirchlichen und politischen Diskussionen wird überzeugend darüber nachgedacht, was sich dringend ändern müsste. Generelle Trends sind dabei leichter zu erkennen, als konkrete Schritte zu setzen. Viele Situationen in Gesellschaft und Kirche erinnern an die vier Kollegen mit den Namen JEDER, JEMAND, IRGENDWER und NIEMAND, die dafür verantwortlich sind, eine wichtige Aufgabe zu erledigen. JEDER ist sicher, dass sich JEMAND darum kümmert. IRGENDWER wird die Aufgabe doch erledigen, aber NIEMAND tut sie. Zu guter Letzt ist JEDER wütend, weil es JEMAND doch hätte machen können. Alle denken, IRGENDWER wird es schon erledigen, aber NIEMAND kann sich vorstellen, dass IRGENDWER es nicht tun wird. Schließlich beschuldigt JEDER IRGENDJEMANDEN, weil NIEMAND tut, was JEMAND hätte tun können.

Bei allem, was Menschen miteinander tun, geht es um qualifiziertes Mitspielen und um die Sorge dafür, dass der Sieg der einen nicht auf dem Rücken der Schwächsten gefeiert wird. Ob Kirchen- oder Wirtschaftskrise, Klimakatastrophe oder Ressourcenknappheit: Jeder Krise scheint eine unstillbare Gier nach dem persönlichen Vorteil zugrunde zu liegen. Diese „Hinter-mir-die-Sintflut-Strategie“ hat über Jahre und Jahrzehnte die „Verantwortung für das Gemeinwohl“ oder die „Solidarität“ als mild belächeltes Gutmenschentum abgetan. Nach den bereits erwähnten salutogenetischen Prinzipien des Aaron Antonovsky wollen Menschen in ihrer Sehnsucht nach

Kohärenz die Spielregeln durchschauen, wollen wissen, welches Spiel (mit ihnen) gespielt wird, wollen mitspielen und in diesem Spiel auch einen tragenden Sinn erkennen. Aber auch in weniger komplexen Zusammenhängen werden sie dabei immer wieder die Erfahrung oft schmerzlicher Inkohärenz machen müssen. Das beschriebene Zauberwort „Kohärenzwiederherstellungskompetenzgefühl" hilft hier vielleicht weiter, schärft den Blick, bewahrt vor vorschneller Kritik, lässt sich nicht entmutigen und schon gar nicht zum kritischen Rundumschlag hinreißen, sondern erarbeitet sich nach und nach ein feines Gespür für die Vielschichtigkeit und Komplexität weltweit relevanter Themen und bewahrt vor der Versuchung, aus der bequemen Ecke der Besserwisserei heraus Ratschläge zu erteilen.

Am 25. Februar 2019, am Tag nach dem Ende der vatikanischen Beratungen rund um das leidige Thema „Kindesmissbrauch in der katholischen Kirche", bin ich Gast im ORF in der ZIB 24 und werde nach meiner Meinung dazu befragt. Ich zitiere im Blick auf das Ergebnis das afrikanische Sprichwort „Worte sind schön, aber Hühner legen Eier" und will damit sagen, dass es nicht genügt, vier Tage lang mit den Vorsitzenden der Bischofskonferenzen aus der ganzen Welt zu reden, um sicher zu sein, dass sich die Brisanz des Themas bis zum letzten Verantwortlichen der katholischen Kirche durchgesprochen hat. Auf die Frage meiner Gesprächspartnerin, was der Papst denn hätte tun sollen, antworte ich, dass zu so einem Gipfel Fachleute gehören und nicht nur ohnmächtige, dem Thema gegenüber zum Teil völlig hilflose Verantwortungsträger. Weiter fällt mir dazu ein, dass es sich bei diesem Thema ja nur um eines von vielen Problemfeldern handelt. Genauso brisant sind die Fragen rund um die Rolle der Frau in der Kirche, die Verpflichtung zum Zölibat und die Frage der Menschenrechte überhaupt, für die sich die Kirche immer wieder starkmacht, aber offenbar nichts dabei findet, dass der Vatikan als Staat die UNO-Menschenrechtskonvention bis zum heutigen Tag nicht unterzeichnet hat. Auf dem Weg zurück nach Hause spricht mich der Taxifahrer auf das Interview an und wir diskutieren eifrig weiter. Aber eine Frage lässt mich an diesem Abend nicht los: Es ist die Erfahrung, beim Beantworten einer Frage im Hinterkopf eine Ahnung davon zu haben, dass eine bessere möglich gewesen wäre; nämlich auf die Frage, was denn der Papst in dieser Situation hätte besser machen können.

Die Replik darauf fällt mir erst am frühen Morgen des nächsten Tages ein: Zwischen der Aula Nervi im Vatikan, wo die Bischöfe tagten, und der Engelsburg, wo sich Missbrauchsopfer mit Protestplakaten versammelt hatten, um der Kirchenleitung ins Gewissen zu reden, liegt die prachtvolle Via della Conciliazione, die große Versöhnungsstraße. Was wäre es doch für ein Zeichen gewesen, hätte der Papst und seine von ihm geladenen Gäste einen Schweigemarsch über diese Straße zu den Protestierenden unternommen, hätte dort mit den Menschen geredet und ihnen versichert, wie sehr auch sie selbst betroffen sind vom Ausmaß dieser Verbrechen. Was wäre das für ein Zeichen gewesen! Das wäre weltweit als Zeichen verstanden worden. Aber das ist weder dem Papst als Möglichkeit noch mir als Antwort auf die Frage, was er denn hätte machen sollen, eingefallen. In Friedrich Schillers Gedicht „Resignation" heißt es dazu: „Was man von der Minute ausgeschlagen, gibt keine Ewigkeit zurück."

Resonanz „in extremis“: Vom Umgang mit dem Tod

Ein dem bengalischen Dichter und Philosophen Rabindranath Tagore (1861–1941) zugeschriebenes Wort lautet: „Wenn der Tod an mein Fenster klopft und mir sagt: ‚Freund, deine Zeit ist um‘, dann werde ich sehr froh sein, ihm sagen zu können: ‚Ich habe nicht nur in der Zeit gelebt, sondern auch in der Liebe.‘“ Es ist eine tiefe, schmerzliche, aber je länger umso wesentlichere Erfahrung von Resonanz, sich von einem Menschen für immer verabschieden zu müssen und dabei zu wissen, wie die Beziehung zu ihm nachklingt und lebendig bleibt. So gesehen beginnt Resonanz lange vor der Geburt und wirkt weit über den Tod hinaus. Darum kommen den Worten, nach denen wir suchen, um uns von einem Menschen gebührend zu verabschieden und genauso unseren anderen Worten, mit denen wir den Angehörigen unsere Anteilnahme zum Ausdruck bringen, eine nicht zu überschätzende Bedeutung zu.

Wenn „Beileid“ der Versuch sein soll, mit einer stimmigen stillen Geste Anteil zu nehmen und dieser „Frucht, um die sich alles dreht“, gerecht zu werden, darf es im Ritus des Abschieds eine zentrale Rolle beanspruchen. Wohl nirgends sonst sind wir so sensibel und berührbar wie in solchen Momenten. Darum gibt es Konventionen, die den ersten Schritt erleichtern. Aber in ihnen muss jene Achtsamkeit spürbar werden, die hinter möglichst wenigen Worten und stummen Gesten nicht nur „Beileid“, sondern auch „Beistand“ zum Ausdruck bringt. Angehörige haben in dieser Zeit ein feines Gespür für authentische Gesten und Worte und können genau unterscheiden zwischen Anteilnahme, Höflichkeit und Heuchelei.

Jede Beziehung ist einmalig. Jeder Abschied ist es auch. Gerade deshalb genügen Konvention und Höflichkeit nicht. Die

Frage, die sich dabei auftut, lautet: Wie kann es gelingen, in Momenten des Abschieds und der Trauer, in Situationen, die uns sprachlos machen, einem Menschen, wenn schon nicht Ermutigung, so doch ein klein wenig Trost zu schenken? In Momenten des Abschieds gibt es nichts zu sagen außer, dass Menschen im Blick auf den einen, der von ihnen gegangen ist, füreinander da sein wollen. Da sein füreinander, gerade dann, wenn die Nähe des anderen verschwunden zu sein scheint, gehört zu den stimmigsten Paradoxien des Lebens.

Abschied, Verdrängung und Trauer

Das Miterleben von Sterben und Tod ist für den Menschen eine schmerzliche Lebensschule. Denn Tod, Krankheit, Älterwerden, die einschneidenden und entscheidenden Wenden des Lebens mögen aus dem Alltag ausgeblendet und in Sonderbereiche verlegt werden, ihnen ganz zu entkommen vermögen wir nicht. Unserem sozialästhetischen Empfinden sollte es durchaus zumutbar sein, mit seelisch und körperlich leidenden, zu guter Letzt sterbenden Menschen konfrontiert zu werden. Und die daraus wie von selbst sich ergebende Anteilnahme an der Trauer anderer Menschen gelingt „besser", also tiefer und herzlicher, und entfernt sich wie von selbst von bloßer Konvention und Höflichkeit.

Je mehr ein Mensch das Leiden und Sterben anderer an sich heranlässt, es also nicht nur registriert, sondern daran teilnimmt, desto weniger muss er sich die Fiktion eines leidensfreien und unsterblichen Menschen aufrechterhalten. Umso mehr wird diesem Menschen der Tod als ein Teil des eigenen Lebens bewusst werden und Zeit seines Lebens bewusst bleiben. Im Blick auf das Sterben von Verwandten, Freunden und

Bekannten könnten ihm solche Erfahrungen als eine entfernte Vorbereitung auf den eigenen Tod erscheinen. Das Sterben im Kreis der Familie, Krankenbesuche, Verabschiedung und die religiösen Bräuche um Kranke und Sterbende würden ihm solcherart nicht nur zur Sterbe-, sondern auch zur Lebensschule.

Einen anderen Zugang zu diesem Thema verdanke ich einem der führenden Zukunftsforscher der Schweiz: Georges T. Roos analysiert seit 1997 die treibenden Kräfte des gesellschaftlichen Wandels. Als geschulter Philosoph lässt er sich dabei weder von Hypes noch von apokalyptischen Bildern verführen, sondern versucht aufzuzeigen, wie der menschliche Unternehmensgeist immer wieder – auch was unser soziales Miteinander betrifft – Fortschrittssprünge hervorbringen kann. Im Blick auf den Tod spricht er allerdings wenig ermutigend von der Angst, dass durch diesen „unser Fest der Unsterblichkeit auf Zeit" gehörig durcheinandergebracht wird. Damit diese Störung nicht stattfindet, versuchen die Zeitgenossen, wenn es denn irgendwie möglich wäre, durch Abwehr, Verdrängung und Maskierung sich den Tod vom Leib zu halten. Dabei findet man sich schnell in bester Gesellschaft: Schon Epikur (gest. 270 v. Chr.) rät seinen Schülern, sich um den Tod nicht zu kümmern, weil er sie schlicht nichts anginge. In seiner Schrift „Von der Überwindung der Angst" schreibt er:

> „Ferner gewöhne dich an die Auffassung, dass der Tod uns nichts angeht. Denn alles Gute und Schlechte beruht auf der Wahrnehmung. Der Tod aber ist Verlust der Wahrnehmung. Deshalb macht die richtige Erkenntnis davon, dass uns der Tod nichts angeht, die Sterblichkeit des Lebens genussreich, indem sie nicht eine unbegrenzte Zeit hinzufügt, sondern uns die Sehnsucht nach der Unsterblichkeit wegnimmt. […]

> Das Schauerlichste aller Übel also, der Tod, geht uns nichts an; denn solange wir da sind, ist der Tod nicht da, wenn aber der Tod da ist, dann sind wir nicht mehr da. Er geht also weder die Lebenden an noch die Verstorbenen: denn die einen geht er nichts an, die anderen sind nicht mehr."[44]

Auf ein anderes „Ausweichmanöver" weist Sigmund Freud hin: Wir wüssten zwar alle, dass wir sterben müssen, aber weil bisher nur die anderen gestorben sind, halten sich die Lebenden für unsterblich und führen sich in der Gestaltung ihrer Welt auch dementsprechend auf. Angesichts des Todes flüchten sie sich in dessen Maskierung und glauben tatsächlich, ihn sich dadurch vom Leib zu halten, indem sie mit ihm Bruderschaft trinken. Etliche Wiener Heurigenlieder zeigen das. Sie besingen den Tod als Kumpel, als „Freunderl", mit dem sie im Himmel fröhlich weitertrinken können. Das alles mag eine lokale „Spezialität" sein, in feinen oder gröberen Nuancen finden wir aber überall solche Maskierungsversuche. Ein russisches Sprichwort zum Beispiel stellt die Frage: „Was fürchtest du den Tod, Väterchen? Es hat noch keiner erlebt, dass er gestorben ist!" Und Mark Twains Gedanken über den Tod scheitern schon an der Friedhofsmauer: Es gebe, so sinniert er, nichts Sinnloseres auf der Welt als eine Friedhofsmauer: „Die, die draußen sind, wollen nicht hinein, die die drinnen sind, können nicht mehr heraus. Wozu also eine Mauer?"

Dieser schwarze Humor kennt noch eine Steigerung, die Geoffrey Gorer bereits Ende der 1950er-Jahre die „Pornographie des Todes" genannt hat. Nur solche Todesfälle hätten noch eine Chance, öffentlich Aufsehen zu erregen, die eine Sensation darstellen und in die Langeweile der Nachrichtenlandschaft Abwechslung bringen. Obwohl der Tod sich täglich in unserer Nähe ereignet, bräuchte er atemberaubende Umstände und spektakuläre Opfer, um uns noch zu erreichen. Was sagt ein Mensch mit solcher Einstellung einem Menschen, der um einen geliebten Menschen trauert? Mit pointiert-humorvollen Überlegungen wird es wohl nicht getan sein.

Die Rede vom Tod ist immer auch eine Rede von Beziehung. Der Tod zerreißt ein Band. Tod bedeutet Abschied und existenzielle Bedrohung, weil beim Tod eines Menschen auch eine Beziehung sich so schmerzlich wandelt, dass der Überlebende selbst glaubt, sterben zu müssen. Und mit seinem Liebsten trägt er ja auch ein gutes Stück seiner selbst zu Grabe. Darum greift auch der Trost Epikurs nicht, weil man nicht einfach zwischen Tod und Leben unterscheiden kann. Friedrich Rückert sagt ganz in diesem Sinne in einem seiner Gedichte: „Dass du mich liebst, macht mich mir wert!" Das bedeutet dann aber angesichts des Todes eines so geliebten Menschen: Dein Tod stellt mich infrage. Wer bin ich denn noch ohne dich? Als Augustinus von Hippo unvermutet seinen besten Freund verliert, notiert er in sein Tagebuch:

> „Vom Schmerz darüber ward es finster in meinem Herzen, und was ich ansah, war alles nur Tod. Die Heimat war mir Qual, wunders unselig das Vaterhaus, und alles, was ich gemeinsam mit ihm erlebt hatte, war ohne ihn verwandelt in grenzenloser Pein. Überall suchten ihn meine Augen, und er zeigte sich nicht. Und ich hasste alles, weil es ihn nicht barg und nichts von allem mir noch sagen konnte: ‚Sieh, bald kommt er', so wie es ehemals gewesen, wenn er eine Weile nicht zugegen war. Ich war mir selbst zur großen Frage geworden, und ich nahm meine Seele ins Verhör, warum sie traurig sei und mich so sehr verstöre, und sie wusste mir nichts zu sagen. Und wenn ich ihr sagte: ‚Hoffe auf Gott', so gab sie billig kein Gehör. Denn wirklicher und

> besser war der Mensch, mit dem sie den Liebsten verloren hatte, als der Truggott, auf den zu bauen sie geheißen war. Einzig das Weinen war mir süß, und es war an meines Freundes statt gefolgt als die Wonne meines Herzens."[45]

Margarethe und Alexander Mitscherlich haben bereits vor einem halben Jahrhundert unserer Gesellschaft „die Unfähigkeit zu trauern" attestiert und festgestellt, dass viele in unseren Gesellschaften an der Krankheit, nicht trauern zu können, leiden. Traurigkeit, Verlustgefühle, Verlassenheitsängste, Hoffnungslosigkeit, Lächerlichkeit, Wut, Scham, Unerwünschtheit ..., solche Gefühle begleiten die Trauernden nach dem Verlust eines geliebten Menschen. Sie haben aber nicht nur mit dem verlorenen Menschen zu tun, sondern auch und vor allem mit unserer persönlichen Geschichte. Beim Verlust eines Menschen sind alle bisher erlittenen Verluste wieder lebendig, darum ist keine Trauer mit der Trauer eines anderen Menschen vergleichbar und jeder Trauerprozess ein singuläres Weltereignis.

Der Trauerprozess und die „Trauer-Arbeit" müssen im Zusammenhang mit der Beziehung gesehen werden, von der ein Mensch sich lösen muss. Der Prozess des Miteinander-Verwachsens wird durch den Tod endgültig abgebrochen. Darum sagen Trauernde sehr anschaulich, sie fühlten sich entzweigerissen wie eine klaffende blutende Wunde, entwurzelt. Das verändert das ganze Leben. Man versteht sich selbst und die Welt nicht mehr. Darum ist Trauerarbeit immer auch Erinnerungsarbeit. Durch Geschichten und Erinnerungen holen wir Menschen, um die wir trauern, wieder ins Leben zurück und machen und dabei gleichzeitig bewusst, dass das Miteinander zu Ende ist. In solchen Erinnerungen ist die dabei spürbare Emotion das Wichtigste, das, was mich in mir an den erinnert, der von mir gegangen ist. Erst dadurch wird mir bewusst, wer er für mich war.

Viele Betroffene weigern sich zunächst zu glauben, dass der geliebte Mensch wirklich gestorben ist. Sie stehen möglicherweise unter Schock und versuchen, sich vor den Verlustgefühlen zu retten, indem sie sich sagen, alles wäre nur ein böser Traum. Diese Periode kann Stunden oder Tage dauern. Danach zeigen sich häufig unvermutet aufbrechende, chaotische Emotionen, vor allem dann, wenn man beim Anblick der Leiche den Verlust nicht mehr verdrängen kann. Es treten sich widersprechende Gefühle auf: Kummer, Angst, Zorn, Schuld, Sehnsucht, Liebe vermischt mit Erfahrungen innerer Stille und Leere, aber auch Dankbarkeit und Freude. Oft mischen sich in dieses Gefühlschaos quälende Schuldgefühle und die Frage, wer für den Tod dieses Menschen zur Verantwortung gezogen werden kann.

Für einen trauernden Menschen ist es sehr wichtig, all diese verwirrenden Gefühle zuzulassen und sie in ihrer ganzen Widersprüchlichkeit auszudrücken. Das Ideal der tapferen Selbstbeherrschung mag zwar für die Mitmenschen angenehmer sein, führt aber leicht zu einem Stillstand des Trauerprozesses. Nur wenn er diese Emotionen wirklich zulässt, kommt er in Kontakt mit jenen Energien, die ihm die Verarbeitung des Verlustes ermöglichen. Er kommt dadurch auch in Kontakt mit dem emotionalen Kern seiner Persönlichkeit.

Ein Mensch aber, der in solchen Momenten vor einem Trauernden steht und ihm zu kondolieren versucht, muss zumindest ansatzhaft um das Gefühlschaos und die damit verbundene innere Not seines Gegenübers wissen, um im richtigen Moment mit der richtigen Haltung seine Anteilnahme zum Ausdruck bringen zu können. Der Volksmund rät, über Verstorbene nicht schlecht zu reden: „De mortuis nihil nisi bene.“ Es geht aber eigentlich nicht darum, nichts Negatives zu sagen, sondern darum, das, was gesagt wird, „gut" zu sagen – „bene dixisti". Dabei ist es wichtig, zwischen Verantwortung und Verklärung zu unterscheiden.

Die wichtigste „Tugend" kondolierender Menschen besteht in ihrer Fähigkeit, es auszuhalten, dass es angesichts des Todes eines Menschen zunächst nichts zu sagen gibt. Der Tod eines Menschen lässt die Hinterbliebenen verstummen. Weil der Tod stumm macht, wird einem Toten darin die größte Ehre erwiesen, der Stille, die sich einstellt, wenn wir an die Bahre treten, Raum zu geben … Im Aushalten dieser Stille könnte so körpersprachlich den Hinterbliebenen mitgeteilt werden, was sich im ersten Testament auch als die schönste Beschreibung des Gottesnamens finden lässt: Ich bin der ICH BIN DA für dich, für euch, für den, der mich jetzt braucht! Und aus einer in solcher Haltung gepflegten Stille könnte sich vielleicht – wenn auch „nur ein Lächeln lang" – ein Hauch von Gotteserfahrung ergeben, zumindest das Erleben überfließender Dankbarkeit, von der Rainer Maria Rilke in einem seiner Gedichte spricht:

Wenn es nur einmal so ganz stille wäre.
Wenn das Zufällige und Ungefähre
verstummte und das nachbarliche Lachen,
wenn das Geräusch, das meine Sinne machen,
mich nicht so sehr verhinderte am Wachen –:

Dann könnte ich in einem tausendfachen
Gedanken bis an deinen Rand dich denken
und dich besitzen (nur ein Lächeln lang),
um dich an alles Leben zu verschenken
wie einen Dank.[46]

Die zweite Tugend stimmiger Kondolenz besteht in der Kunst, unter der Devise „weniger ist mehr" Worte zu finden, die zu Herzen gehen. Dabei kann es nicht darum gehen, nach Worten zu suchen, die das Unbegreifliche zu begreifen versuchen, sondern vielmehr darum, Angehörigen und Betroffenen persönliches Ergriffensein glaubwürdig zu vermitteln. Dabei handelt es sich um die hohe Kunst, das in Worte fassen zu können, was wir empfinden, wenn wir an Verstorbene denken. Einer, der diesbezüglich völlig neue Sprachfelder zu eröffnen wusste, war der protestantische Pfarrer und einer der bedeutendsten deutschsprachigen Gegenwartsautoren, Kurt Marti (1921–2017). Seine „Leichenreden"[47] sind Nekrolog jenseits aller Abdankungsrhetorik. Dabei ist es ihm nicht darum gegangen, schöne Geschichten zu erzählen, sondern das, was ist und über das hinaus, was es ist, ins Wort zu bringen und damit gerade im Angesicht des Todes etwas zum Ausdruck bringen zu können, was über den Tod eines Menschen hinausweist, ihn auch für die, die sie nicht gekannt haben, wieder zum Leben erweckt beziehungsweise sie vor dem Vergessen bewahrt.

Die dritte Tugend stimmiger Kondolenz besteht darin, beim Ausdruck von Anteilnahme allein schon aus Respekt vor religiösen Überzeugungen in solchen Momenten auf religiöse Überzeugungen zu verzichten. Der Tod ist nämlich nicht nur der Ernstfall des Lebens, er ist und bleibt auch der Ernstfall aller Religion. Angesichts des Todes gilt: Glaube lohnt sich nicht. Er ist nutzlos und zwecklos, nur so kann er sich im Leben eines Menschen als sinnvoll erweisen. Darüber aber beim Kondolieren diskutieren zu wollen, wird nicht gelingen.

ende

am ende
ist das leben
vollbracht
ganz und gar
voll pracht

nicht nur schall und rauch
ein brief mit siegel

ich werde
–
wenn ich dann
noch schauen kann
–
schön schauen
was ich dann
sehen werde

ich werde sehen

Arnold Mettnitzer[48]

III.

Reisen in der Sehnsucht nach Resonanz und Kohärenz

Wie die Grundmelodie der Resonanz und die Sehnsucht nach Kohärenz gehört das Bedürfnis nach Aufbruch und Reise zum Menschen. Bereits in den ersten Monaten unseres Lebens haben wir uns auf Erkundungsreise begeben und unsere Umgebung im Rahmen unserer Möglichkeiten gründlich zu erforschen versucht, zuerst kriechend, dann nach und nach gehend und schließlich fahrend. Darum bleiben einander vertraute Menschen immer auch daran interessiert, wie es ihnen „ergangen" ist und was sie „erfahren" haben.

Von der Kindheit bis ins hohe Alter sind Menschen aus den unterschiedlichsten Gründen unterwegs. Reisende möchten die Welt, andere Länder, andere Sitten, andere Gewohnheiten und Bräuche kennenlernen. So brechen sie auf zu anderen Ufern, stillen ihre Neugier, erweitern ihren Horizont, machen sich Notizen, erzählen davon in Zeitschriften, Briefen, Büchern und vielleicht auch in Gedichten.

Augustinus von Hippo (354–430), einer der einflussreichsten Theologen und Philosophen der christlichen Spätantike, verdanken wir einen beeindruckenden schriftlichen Nachlass, der aus psychologischer Sicht in manchen Teilen erstaunlich modern und von hoher psychohygienischer Relevanz erscheint. Seine „Bekenntnisse – Confessiones“, die zu den einflussreichsten autobiografischen Texten der Weltliteratur zählen, beginnen mit dem Satz: „Geschaffen hast du uns zu dir, und ruhelos ist unser Herz, bis dass es seine Ruhe hat in dir.“[49] Mit diesem Satz bietet Augustinus dem wandernden Menschen eine Daseinsformel an, die seinen Weg als Bewegung auf ein Ziel hin begreift, dem „Unruh-Spirale-Schwingsystem“ in mechanischen Uhrwerken vergleichbar.

Der Vorläufer der „Unruh“ in den Uhren trägt den nicht weniger signifikanten Namen „Unrast“. Beide Begriffe sind, wie auch das Wort des Augustinus, stimmige Bezeichnungen für das Wesen des lebendigen Menschen. Leben heißt, in Bewegung, auf der Suche, unterwegs zu sein. Schon der biblische Mensch versteht sich als Wanderer, als Suchender, ständig unterwegs, getrieben von der Suche nach Nahrung und dabei immer auch von der Sehnsucht, anzukommen, so lange bleiben zu dürfen, bis er – aus welchen Gründen auch immer – wieder weitermuss.

Viele Reisende scheinen von dieser Unruhe getrieben zu sein. Menschen brechen auch auf, um der zu großen Ruhe und der damit verbundenen Bequemlichkeit und diffusen Unzufriedenheit zu entkommen. „Wer rastet, der rostet“, sagen sich andere in ihrer Sehnsucht nach dem Neuen, dem Unbekannten. Wieder andere brechen auf, weil im engsten Umfeld die Unruhe zu groß, das Un-

glück zu bedrohlich geworden ist und sie Ausschau halten (müssen) nach einem Platz, an dem das Leben kohärenter, stimmiger, gesünder, besser, weniger gefährlich gelebt werden kann.
Wiederum andere brechen auf, um heilige Stätten zu besuchen, um dort wieder an Leib und Seele „ganz" zu werden, Kraft zu tanken, „mit Gott und der Welt" Zwiesprache zu halten, mit allen Sinnen den Sinn des Lebens zu ergründen, die Augen wieder klar die Schönheit der Natur und die Großartigkeit der Schöpfung sehen zu lehren. Durch Bewegung und „Tapetenwechsel" kommen Menschen so wieder in die Kraft, werden wieder gesund, finden zurück ins Leben, fühlen sich, wie sie nachher dann oft dankbar berichten, „wie neugeboren". Zu allen Zeiten und in allen Kulturen waren und sind Menschen in dieser Weise zu „Orten heilender Kraft" unterwegs.
Am 25. Juli 1930 notiert André Gide in sein Tagebuch: „[…] Ich habe unter denen, die sich einer unerschütterlichen Gesundheit erfreuen, noch keinen getroffen, der nicht nach irgendeiner Seite hin ein bisschen beschränkt gewesen wäre; wie solche, die nie gereist sind; und ich erinnere mich, dass Charles-Louis Philippe die Krankheiten sehr schön ‚die Reisen der Armen' nannte. […]."[50] Vielleicht dürfen wir in diesem Zusammenhang Krankheiten als die Sonderklasse aller Reisen verstehen, die einem Menschen nicht nur neue Augen schenken, sondern ihm auch neue Möglichkeiten eröffnen, im weiten Land der eigenen Seele bisher unentdecktes Potenzial zu heben. Jede Heilung ist ein neues Aufatmen, im tiefsten und im besten Sinne Resonanz- und Kohärenzerfahrung.

Fernweh

Lange vor meiner bewussten Erfahrung von Heimweh habe ich das Fernweh kennengelernt. Die inneren Gründe dafür haben sich mir allerdings nach und nach erst in der zweiten Lebenshälfte erschlossen. Mit 28 Jahren ist meine Mutter bereits eine geschiedene Frau, die mit ihren sechs Kindern auf ihrem in 1.300 Metern Seehöhe gelegenen Bergbauernhof einen neuen Lebensabschnitt beginnt. Die Landwirtschaft verpachtet sie und der Pächter behandelt uns Kinder, als wären wir Teil des Pachtvertrages und bei der Arbeit auf dem Feld seinem Kommando unterstellt. Umso mehr erlebe ich als Zehnjähriger meine Aufgabe als Halterbub in der Hofalm in den Kärntner Nockbergen bei meiner Tante Theresia als unvergessliches Paradies. Oft laufe ich damals aus dem Talkessel heimlich hinauf auf die Höhe und beginne im Blick über die Berge von einer Welt hinter dem Horizont zu träumen …

Nach dem Sommer auf der Alm wandelt sich mein Fernweh wie von selbst in zwei Fantasiereisen um: zunächst durch den Gedanken, mit dem Wasser des kleinen Bächleins vor unserem Haus hinunter ins Tal, mit der Lieser hinaus nach Spittal, von dort mit der Drau in die Donau und mit dieser bis zum Schwarzen Meer zu gelangen. Seither liebe ich Flüsse! Bei ihrem Fließen kümmern sie sich nicht um die Grenzen, nehmen alle Geschwister auf, die sich zu ihnen gesellen, wachsen vom Kleinen ins Große … Daraus erkläre ich mir heute meine Liebe zum Meer, dem Ziel aller Flüsse, und das Hochgefühl, das ich beim Besuch von Küstenstädten empfinde. Die schönste unter ihnen, sozusagen das unübertroffene Ziel meiner ersten kindlichen Fantasiereise, ist für mich nach wie vor Amalfi. Bei meinem ersten Besuch dort entdecke ich auf dem Weg zum Dom einen Satz, der mir etwas vom

Stolz seiner Bewohner verrät: „Il giorno del giudizio per gli amalfitani che andranno in paradiso sarà un giorno come un altro." – „Für die Bewohner von Amalfi wird der Tag, an dem sie ins Paradies kommen, ein Tag sein wie jeder andere."

Meine zweite kindliche Fantasiereise hat mit den Kondensstreifen der Flugzeuge am Himmel über dem Haus meiner Kindheit zu tun. Ich träume davon, einmal in einem dieser Flugzeuge sitzen zu dürfen, ganz egal, wohin es auch fliegen mag. Viel später sehe ich als Elfjähriger bei meiner ersten Zugfahrt mit der Südbahn nach Wien beim Blick aus dem Fenster einen Flugplatz und dort tatsächlich einen soeben gelandeten „richtigen Flieger". Es sollten noch über 20 Jahre vergehen, bis ich zum ersten Mal ein Flugzeug besteige, dann aber gleich drei Mal starten und landen darf, um so von Salzburg nach Genf, von Genf nach Zürich und von Zürich nach Lissabon zu fliegen. Lissabon: das erste große Ziel meiner kindlichen Flugfantasien!

Wenn ich heute dorthin unterwegs bin, darf das „Buch der Unruhe" von Fernando Pessoa (1888–1935) im Reisegepäck nicht fehlen. Pessoa hat unter 17 verschiedenen Pseudonymen seine Schriften publiziert und es dabei so weit auf die Spitze getrieben, mit einigen seiner Heteronyme im Briefwechsel zu stehen und ihre Horoskope zu erstellen. Zu Lebzeiten veröffentlicht er kaum eines seiner Werke. Der Großteil seines literarischen Schaffens verschwindet zunächst in einer Truhe. Nach seinem Tod umfasst sein Werk 24.000 Fragmente. „Das Buch der Unruhe" erscheint erst 1985, 50 Jahre nach seinem Tod: „Was ist reisen und wozu dient es?", fragt sich Pessoa.

„Jeder Sonnenuntergang ist ein Sonnenuntergang, um ihn zu sehen, muss man nicht nach Konstantinopel. Und das Gefühl der Befreiung, das vom Reisen ausgeht? Das kann ich ebenso haben, wenn ich von Lissabon nach Benfica, in die Vorstadt, fahre, und zwar sehr viel intensiver als einer, der von Lissabon nach China reist, denn ist die Befreiung nicht in mir, erlange ich sie nirgendwo."[51]

Der Liebende, der „Ich" sagte

Neben fremden Landschaften und anderen Kulturen, die wir erkunden, wenn wir auf Reisen gehen, sind es immer zuallererst Begegnungen, die unsere Reisen unverwechselbar machen. Des Menschen erstes Wallfahrtsziel ist der Mensch. Aus neurobiologischer Sicht ist und bleibt der Mensch ein auf soziale Resonanz und Kooperation angelegtes Wesen. Nichts aktiviert seine Motivationssysteme so sehr wie der Wunsch, von anderen gesehen zu werden, soziale Anerkennung zu erhalten, positive Zuwendung zu erleben und erst recht, in das Magnetfeld der Liebe zu geraten.

Dabei spielen gemeinsame Bedeutungsräume eine zentrale Rolle. Sie entscheiden darüber, ob wir uns gegenseitig erkennen, einander näherkommen wollen und untereinander verstehen können. Dabei ist immer auch das Gegenteil möglich: Dass nämlich eine Gemeinschaft von Menschen einen anderen Menschen aus dieser Welt des Kennenlernens und Verstehens ausschließt und ihm den Zugang zum gemeinsamen Bedeutungs- und Resonanzraum verwehrt. Dann werden Blicke verweigert, Grüße nicht erwidert, Gesten eiskalt ignoriert und so der andere Mensch – wie wir sagen – „nicht einmal mehr ignoriert". Wer auf diese Weise vom gemeinsamen Begegnungs- und Bedeutungsraum ausgeschlossen bleibt, wird davon schwer gekränkt, je länger, umso eher, krank werden.[52]

Der Sufi-Mystiker Dschalāl ad-Dīn Muhammad Rūmī (1207–1273) ist einer der bedeutendsten persischsprachigen Dichter des Mittelalters. Sein großes Gedicht „Mathnawi" ist ein über 700 Jahre altes Meisterwerk der Weltliteratur und eines der bekanntesten und einflussreichsten Werke des Sufismus. Rūmī selbst nennt sein Werk eine „Leiter zur Wahrheit". Die vielleicht berühmteste Geschichte darin zeigt, dass das Haus des Herzens nicht zwei Ichs in sich enthalten kann. Mich erinnert diese Geschichte an einen Satz unserer Mutter: „Ganz egal, wer es ist, wenn ein Mensch ins Haus kommt, kommt Gott selbst zu Besuch!" Wer es auch immer ist, der kommen mag, das lehrt mich Rūmī, er wird erst dann willkommen sein, wenn er das Ich des anderen als Teil von seinem Eigensein begreift.

Es klopfte einer an des Freundes Tor.
„Wer bist du" – sprach der Freund – „der steht davor?"
Er sagte „Ich!" Sprach der: „So heb dich fort –
an diesem Tisch ist nicht der Rohen Ort!
Den Rohen kocht das Feuer ‚Trennungsleid'
Das ist's, was ihn von Heuchelei befreit!"
Der Arme ging auf Reisen für ein Jahr,
im Trennungsfunken brannt' er ganz und gar.
Reif kam dann der Verbrannte von der Reise,
dass wieder er des Freundes Haus umkreise.
Er klopft' ans Tor mit hunderterlei Acht;
dass ihm entschlüpf' kein Wörtlein unbedacht.
Es rief der Freund: „Wer steht dort vor dem Tor?"
Er sagte: „Du, Geliebter, stehst davor!"
„Nun, da du ich bist, komm, o Ich, herein –
Zwei Ich schließt dieses enge Haus nicht ein!"[53]

Resonanz im Land der Bibel: Der Weg ist das Ziel

Seit Langem schon schätze ich das Land der Bibel als Sehnsuchtslandschaft. Nicht nur das Judentum, der Islam und das Christentum haben dort ihre Wurzeln, auch die Pioniere der Psychoanalyse wissen dort ihren familiären und ideellen Ursprung. Das Land der Bibel ist auch das Land der Psychoanalyse. Das an Ort und Stelle zu bedenken, hat den Charme dieser Reisen ausgemacht. Deshalb waren neben den biblischen Texten auch tiefenpsychologische Überlegungen und viele literarische Kostbarkeiten meine täglichen Reisebegleiter.[54]

Darüber hinaus war es mir ein besonderes Anliegen, die besuchten Orte und durchwanderten Landschaften über das kulturelle Interesse hinaus als Oasen persönlicher Spiritualität zu erleben. Ein fremdes Land zu besuchen bedeutet, die Kultur, die Menschen in diesem Land zu besuchen, aus ihrer Geschichte zu lernen und das Erfahrene daraufhin zu überprüfen, was davon für mein Leben brauchbar erscheint. Ein Wort der Bibel gibt dazu das Leitmotiv: „Prüf alles, behalte das Gute!" (1 Tes 5,21) Vorweg schon darf ich hier festhalten: Ich habe viel „geprüft" und vieles mit nach Hause genommen, bin mit vielen Fragen nach Israel und Palästina gereist – und mit weit mehr und präziseren Fragen wieder nach Hause zurückgekommen.

Der steinige Weg nach Jerusalem

„Was nichts kostet, ist nichts wert", sagen wir, um damit zum Ausdruck zu bringen, dass „ohne Fleiß kein Preis" zu erringen ist und das Leben nicht mit einem Schlaraffenland verwechselt werden darf. So erlebe ich auch das Wadi Quelt, die jüdische Wüste, den kleinsten Wüstenstreifen der Welt, als beglückende Herausforderung. Es ist ein sonniger Frühlingstag. Gute fünf Stunden wandere ich durch die Judäische Wüste zwischen Jerusalem und Jericho. In der Regenzeit zeigt sie sich in ihrer beeindruckenden Lebendigkeit. Die biblische Rede von der Oase, vom Ruheplatz am Wasser, vom Brunnen als Überlebensquell wird zum Symbol für Jahwe, der über 40 Jahre sein Volk durch die Wüste aus der Gefangenschaft in die Freiheit führt, ins Sehnsuchtsland, ins Land, wo Milch und Honig fließen. „Vom Reisen." So antwortete vor Jahren Peter Handke auf die Frage, woher er den Stoff für seine Bücher nähme.

Vom ersten bis zum letzten Buch der Bibel gehören Reisen und Wanderungen und die dabei gemachten Erfahrungen zur Grundmelodie alles Lebendigen. Wer das älteste Buch der Welt so zu lesen versucht, versteht seinen eigenen Lebensweg eingebunden in den Erfahrungsschatz vieler. Gipfelsiege, Glanzleistungen, Irrwege, Umwege und Sackgassen werden beschrieben, deren tiefe Wahrheit und therapeutische Kraft erstaunlich modern wirken. Immer geht es dabei um Ermutigung, um „Zumutung von innen her", um das Feuer innerer Bereitschaft und wenn nötig um einen radikalen Perspektivenwechsel. So können im Menschen schlummernde Selbstheilungskräfte aktiviert und neue Ziele ins Auge gefasst werden. Selbst dem fünfundsiebzigjährigen Abram gelingt es so noch, aufzubrechen, seiner inneren Stimme zu folgen, von der der biblische Mensch überzeugt ist, dass sich dadurch in ihm die Stimme Gottes manifestiert; diese Stimme bewahrt ihn davor, sitzen zu bleiben oder gar zu denken, er hätte genug geleistet und ein Anrecht darauf, den wohlverdienten Ruhestand zu genießen. Wer so die Bibel liest, mag staunen, was sie den Abenteurern des Lebens auch heute noch zu bieten hat. Sie ist „heilige“ Schrift im Sinne von „heilender“, „ermutigender“ Schrift, sie „gehört“ nicht nur Juden und Christen, sie ist als gebündelter Erfahrungsschatz Kulturgut der Menschheit und offen für alle, die bereit sind, in diesen Erfahrungsschatz einzutauchen.

Die ermutigende Kraft biblischer Texte ist mir seit Jahren die (stille, aber unüberhörbare) Begleitmelodie meiner therapeutischen Arbeit. Und das Erstaunliche dabei liegt darin, dass nicht ich als Therapeut oder Theologe die Sprache darauf bringe, sondern meine Patienten auf der Suche danach, wie Leben „gelingen“ könnte. Mit „gelingen“ ist hier weit mehr gemeint als „erfolgreich sein“: Es meint jene geheimnisvolle Erfahrung, Rückschläge, Enttäuschungen, selbst aussichtslos scheinende Situationen nicht einfach hinzunehmen und in Demut ertragen zu müssen, sondern all das „von innen her“ als Sprungbrett, vielleicht sogar als Tanzboden für unerwartet neue Möglichkeiten zu erleben.

Oder anders gesagt: Es geht darum, einem Menschen, der aus welchen Gründen auch immer auf den Wegen seines Lebens den alten Schuhen entwachsen ist, bei der Suche nach „neuem Schuhwerk“ behilflich zu sein. Letztlich geht es dabei im besten Sinn des Wortes um „Auferstehung“, um die Befreiung aus der Erfahrung des „Aufs-Kreuz-gelegt-und-angenagelt-Seins“, es geht um einen Ausweg aus vermeintlicher Ausweglosigkeit, um Hoffnung in zunächst bedrückender Hoffnungslosigkeit. Es geht um das, was Marcus Tullius Cicero in einem ihm zugeschriebenen Wort so ausdrückt: „Fange nie an, aufzuhören – höre nie auf, anzufangen!“[55]

Auf der Suche nach neuen Lebensperspektiven die Bibel so in die Hand zu nehmen und sie dort zu lesen, wo sie geschrieben wurde, ist mir ein großes Erlebnis. Dabei geschehen immer wieder kleine Wunder des Verstehens, wo das Wesentliche leise, aber heiter daherkommt und uns in seltener Innigkeit miteinander verbindet. Dabei kommt mir des Öfteren der Gedanke, dass der biblische Mensch sich noch nach solchen Wundern zu bücken wusste, während der neuzeitliche Weltbürger hoch erhobenen Hauptes nur mehr Ausschau zu halten scheint nach Möglichkeiten, die er möglichst schnell als Erster, ehe sie von anderen erspäht werden, an sich zu reißen vermag.

Wenn ein Therapeut mit theologischem Hintergrund – so wie ich einer bin – von sich aus biblische Texte zur Hand nimmt, wird er nicht selten verdächtigt, mehr der Religion anstatt dem Menschen zu dienen, bei dem, was er tut, nicht Anwalt eines hilfesuchenden Menschen, sondern der Amtsdiener einer zum Selbstzweck verkommenen Religion zu sein. Dazu kommt, dass Religion im Moment so etwas wie der Stachel im Fleisch vieler zu sein scheint. „Ein Gespenst geht um in Europa – das Gespenst der Religion", hat der Philosoph Peter Sloterdijk formuliert und damit einer eigenartigen Angst Ausdruck verliehen.

Unbestreitbar ist, dass Religionen natürlich auch gefährlich sein können und in ihrer politischen Gegenwart mit fundamentalistischer Erregungskraft wie ein Sprengkopf wirken. Mit Religion steht etwas Unkontrollierbares im Raum. Das zeigt sich an der Empfindlichkeit „hoch religiöser" Menschen. Wer Gott beleidigt, verletzt heiligste Gefühle und damit diejenigen, die an ihn glauben. Das Besondere an dieser Reise aber ist, dass dabei zwar oft von „Gott" geredet, diese Frage aber als Kulturgut aller Religionen betrachtet wird. Gott wird weder bewiesen noch geleugnet, sondern als biblischer Ausdruck für innere Verankerung, Orientierungshilfe und persönlichen Halt wertgeschätzt.

Auch die fundamentale Bedeutung Heiliger Schriften ist wichtig, ihre verborgenen Schätze und tiefen Weisheiten, die sie als Erfahrungsschatz über alle religiösen Grenzziehungen hinaus als Lehrmeisterin des Lebendigen ausweist. „Die Wahrheit", hat der Theologe Hans Urs von Balthasar gesagt, „ist symphonisch", ein Zusammenklang aus vielen Einzelstimmen; dabei ist jede Stimme wichtig und wertvoll, weil sie aus dem Leben, aus konkret-persönlicher Lebenserfahrung kommt. Unterschiede bedeuten dann nicht Trennung, sondern verschiedene Farben von Wahrheit.

Zwiesprache mit dem Herzen

Orte werden uns erst dadurch kostbar, als dass wir dort persönlich Erlebtes als unsere unverwechselbare Erfahrungsgeschichte sozusagen geografisch „verorten". Jeder Mensch braucht auf seiner großen Wanderung durch das Leben solche kraftspendenden Verortungen. Für Jesus von Nazareth war der See Genezareth so ein Ort, von dem er freilich immer wieder von Neuem aufbricht und das Wagnis in der Weite sucht.

Ein regnerischer Tag am See Genezareth: Es geht nach Kapernaum, „der Stadt Jesu", in der sich das öffentliche Wirken des Nazareners konzentrierte. Ich besteige ein Schiff und fahre über den See. Das Galiläische Meer ist der lebensspendende Mittelpunkt der Wanderlandschaften des Jesus aus Nazareth und seiner Freunde. Wer die Bibel Jesu aufmerksam liest, findet in den Elementen von Wasser, Boden, Sonne und Wind die deutlichsten Bilder, in denen die Bibel von der Gegenwart Gottes spricht. So gesehen ist der biblische Mensch kein Theologe, sondern ein Praxeologe, also ein Mensch, dem das Tun, die Praxis, wichtiger erscheint als die dahinterliegende Theorie. Seine Rede von Gott hat Hand und Fuß, ist geerdet und verhimmelt zugleich.

„Mein Vater war ein umherirrender, heimatloser Aramäer." So beschreibt die biblische Tradition die Geschichte des ersttestamentlichen Menschen. Das Volk Israel begreift sich als wanderndes Volk auf dem Weg durch die Wüste, auf der Suche nach Rast- und Kraftplätzen für die Menschen und ihre Herden. Auf diesem Weg träumt es davon, der Hand der Ägypter entrissen, endlich in ein schönes, weites Land geführt zu werden, in dem Milch und Honig fließen. Ich kenne keine ältere Beschreibung der Sehnsucht nach dem Sesshaftwerden, nach Geborgenheit und Glück. Der biblische Mensch begreift sich als ein Suchender, einer, der ständig unterwegs ist und prüft, wohin er gehört. Er wird nie mit Sicherheit wissen, ob er alles gefunden hat. So bleibt der Mensch dem Menschen in seiner Sehnsucht nach erfülltem Leben ein ewiger Weggefährte, ein Wanderer, stets unterwegs.

> „ER sprach zu Abram: Geh vor dich hin aus deinem Land, aus deiner Verwandtschaft, aus dem Haus deines Vaters in das Land, das ich dich sehn lassen werde. Ich will dich zu einem großen Stamme machen und will dich segnen und will deinen Namen großwachsen lassen. Werde ein Segen. Segnen will ich, die dich segnen, die dich lästern, verfluche ich. Mit dir werden sich segnen alle Sippen des Bodens. Abram ging, wie ER zu ihm geredet hatte, und Lot ging mit ihm. Siebzig Jahre und fünf Jahre war Abram, als er aus Charan fuhr."[56]

Aus den Erkenntnissen der modernen Hirnforschung wissen wir, dass das menschliche Gehirn so wird, wie wir es benutzen, aber ganz besonders so, wie wir es mit Begeisterung benutzen.

Es geht mehr, als der Mensch im Augenblick für möglich hält. Er kann sein Gehirn auch noch auf eine ganz andere Weise nutzen. Er kann seine Lebenskarten noch einmal neu durchmischen und erkennen, was es noch Wunderbares zu entdecken gibt. Und das Schönste ist, dass das Hirn und damit auch das Herz des Menschen zeitlebens „plastisch" bleibt, formbar ist, zeitlebens neue Erfahrungen machen kann. Weil das für einen Menschen möglich ist, kann auch der fünfundsiebzig Jahre alte Abram noch einmal ganz neue Wege gehen. Die Voraussetzung dafür liegt aber in der Bereitschaft, sich „ohne Reiseversicherung" auf das Wagnis einzulassen. Das geht nur, wenn ein Mensch aus innerster Motivation handelt, wenn er in seinem Herzen angerührt wird. Um aber draufzukommen, was ihn derart begeistern könnte, muss er Zwiesprache mit sich selbst gehalten haben. Er muss gelernt haben und darin erfahren sein, in sich hineinzuhören und zu spüren, was als sein inneres Potenzial darauf wartet, entdeckt zu werden.

Gerade deshalb ist mir diese Stelle vom Aufbruch Abrams im Buch Genesis so kostbar. Zu schnell gelesen könnte man meinen, er handelt nur aus „Gehorsam" Gott gegenüber. Wenn die Bibel rund vierzig Mal von „Gehorsam" redet, steht das jedoch immer im Zusammenhang mit dem „Hören", das rund vierhundert Mal vorkommt und in erster Linie einen Liebesdienst an sich selbst meint, nämlich hineinzuhören in die Mitte der eigenen Existenz, Zwiesprache zu halten mit den innersten Regungen des eigenen Herzens und gerade so nicht nur mit sich selbst, sondern mit Gott und der Welt in Verbindung zu bleiben.

Bereits hier tut sich ein ernstes Problem auf: Viele Menschen haben es nicht nur verlernt, Zwiesprache mit sich zu halten, sie möchten auch gar nicht wissen, was in ihrem Inneren vor sich geht. So sind nach und nach Motivation und Begeisterung verloren gegangen, die Lebensfreude verschwunden und „das innere Feuer“ erloschen. Und weil ihnen nichts mehr unter die Haut geht, glauben sie sich den Luxus der Begeisterung nicht mehr leisten zu können. Stattdessen ziehen sie sich resigniert zurück oder treten die Flucht ins Dasein für andere Menschen an und werden zum „hilflosen Helfer“. Romano Guardini schreibt dazu in seinem Aufsatz „Vom Sinn der Gemeinschaft“:

> „Wir kennen alle das Bild jenes Menschen, der in das ‚Wir‘ hineinverloren ist – vielleicht sogar in das ‚Es‘. Jenes Menschen, der immerfort bereit ist, sich vom Anderen sein Gewissen abnehmen zu lassen und es Anderen abzunehmen, und der so niemals in der Einsamkeit wirklicher Verantwortung steht: Der immerfort sich mitteilen muss und selbst vom Innen der Anderen naschen; der nicht mit sich fertig wird und, in der beständigen Flucht vor dem eigenen Versagen, sich in die Erziehung des Anderen wirft, oder in die Fürsorge für ihn [...]. Und so weiter bis zu jenem, der es nur in der Geschäftigkeit und im Bereich aushalten kann; der weder die Einsamkeit noch die Stille erträgt, weil er da vor sich selbst zu stehen kommt.“[57]

Der Hunger nach Erfahrung

Wer im Leben den Aufbruch wagt, manchmal ist es ja auch der Ausbruch aus dem Einerlei des Alltags, gerät früher oder später in Erlebnisse, die ihn wandeln und ihn mit dem Herzen Dinge fühlen lassen, die dem bloßen Verstand längst unmöglich erscheinen mögen. Das ist ja das Herrliche an Erlebnissen, von denen wir dann begeistert erzählen; nie hätten wir vorhersehen können, wovon wir nachher stolz und dankbar berichten! Resonanz und Premiere bedingen einander. Nichts beeindruckt so wie das, was wir so noch nie erlebt haben.

Auffahrt zum Berg Tabor, wo ich an die Erzählung von der Verklärung erinnert werde, eine Vision, die vor den Augen seiner Jünger Jesus gemeinsam mit Mose und Elija erscheinen lässt. Nach biblischer Überlieferung soll Jesus Petrus, Jakobus und Johannes mitgenommen haben, um hier zu beten. Bei Lukas heißt es:

> „Und es geschah, während er betete, ward das Aussehen seines Gesichts anders, und sein Gewand blitzend weiß. Und da! Zwei Männer sprachen mit ihm: Es waren Mose und Elija, die – sichtbar geworden in Herrlichkeit – seinen Ausgang ansagten, den er in Jerusalem zu vollenden habe. Petrus aber und die mit ihm waren schwer benommen vom Schlaf. Hellwach geworden sahen sie seine Herrlichkeit und die zwei Männer, die bei ihm standen. Und da geschah es: Als sie sich von ihm trennen wollten, sprach Petrus zu Jesus: Meister, gut ist es, dass wir hier sind! So lasst uns drei Zelte machen: eins dir, eins Mose und eins Elija. Er wusste nicht, was er sagte. Aber während er das sagte, kam eine Wolke und überschattete sie. Furcht ergriff sie, während sie in die Wolke eingingen. Und eine Stimme geschah aus der Wolke, die sagt: Das ist mein Sohn, der Auserwählte. Auf ihn hört! Und als die Stimme kam, fand sich Jesus allein, und sie schwiegen. Keinem berichteten sie in jenen Tagen von dem, was sie gesehen.“[58]

Über solche ekstatischen Erlebnisse erzählen wir ja auch heute noch, wenn wir mit unglaublichen Widerfahrnissen im Leben konfrontiert werden, die unser Verstehen übersteigen.

Wir stehen dann da mit offenem Mund und können nicht glauben, was wir da sehen. Das Staunen ist die verlässlichste Art des Menschen, sich nicht zu überschätzen. Wer staunt, gibt zu, dass das, was er da bestaunt, sein Begreifen übersteigt und nicht von ihm sein kann! Was uns fasziniert, wollen wir behalten. Und so mutet auch die Reaktion des Petrus auf das Erlebte durchaus modern und „heutig" an: „So lasst uns drei Zelte machen: eins dir, eins Mose und eins Elija." Lasst uns das, was uns gefällt, guttut und unterhält, festhalten, aufbewahren, konservieren! Man könnte sich so die Überraschung sparen und auch auf Nummer sicher gehen! Was wir haben, haben wir! Doch das Leben zeigt uns täglich, dass sich Lebendigkeit nicht festhalten lässt, weil sie sich dort ereignet, wo wir mit unseren eigenen Plänen beschäftigt sind, die immer wieder jählings über den Haufen geworfen werden.

Immer wieder begeben sich Menschen auf die Suche nach solchen überraschenden Erlebnissen, nach Alternativen für ihr bisher gelebtes Leben. Und zu allen Zeiten bündelt sich die Sehnsucht nach Neuem in Wallfahrten. Im Grunde ist es wohl der Hunger nach „Erfahrung", der Wunsch, die eigene Mitte nicht zu verlieren und sich immer wieder neu zu verorten. So liegt auch heute noch und wiederum Pilgern im Trend. Immer mehr Menschen machen sich auf den Weg, um gewohnte Lebensweisen zu überdenken, für etwas zu bitten oder zu danken, den Wunsch nach anderen Perspektiven, nach Ruhe und Frieden zu stillen. Ob nach Jerusalem, Santiago de Compostela, Rom oder Mariazell, Wallfahrt liegt im Trend. Dabei kenne ich erstaunlich viele Menschen, die sich von ihrer religiösen Gemeinschaft seit Langem verabschiedet haben, es sich aber nicht nehmen lassen, bei Wallfahrten mitzumachen, um auf diesem Weg vielleicht Verlorenes wiederzufinden. Seit jeher gibt es Orte der Kraft, an deren Besuch die Hoffnung auf

Gesundheit für Leib und Seele geknüpft ist. Alle Religionen kennen solche Orte. Es geht stets um Aufbruch, manchmal um „Ausbruch", um Läuterung auf der Suche nach dem, wovon man leben kann.

Was sucht ein Pilger, wenn er sich auf den Weg macht? Es werden wohl ganz individuelle Gründe sein. Aber immer gerät der Mensch, der aufbricht, in Erlebnisse, die ihn verwandeln und die er mit anderen teilen kann. Wenn er Glück hat, lernt er dabei genauer zu hören, besser zu sehen, feiner zu riechen, differenzierter zu schmecken und inniger zu fühlen; seine Sinne bekommen ihre Kraft zurück, er spürt mit dem Herzen und achtet auf Dinge, die im Trubel des Alltags verloren gegangen sind. Man könnte auch sagen: Innen und Außen werden so als die beiden Seiten der Resonanz wieder erlebbar.

Aber muss er dazu auf Reisen gehen? Kann ein Mensch die lebensnotwendigen Erfahrungen seines Lebens nicht „einfach" auch dort machen, wo er im Moment in dieser Welt steht? Diese Frage führt mir eine der vielen Paradoxien des Lebens vor Augen: Zum Zweck nachhaltiger Selbsterfahrung lohnt es sich, den Platz, an dem man lebt, immer wieder einmal zu verlassen, um mit neuen Augen wertschätzend dorthin zurückzukehren oder aber in neuer Klarheit ganz woandershin aufzubrechen. In jedem Fall scheint zu gelten: Offensichtlich muss man weggegangen sein, um wieder einen Blick für das zu bekommen, was man hat.

Natürlich muss es nicht die große Reise sein. Für den, der immer unterwegs ist, ist vielleicht gerade sein Zuhause der privilegierte Ort, um inneren Frieden zu finden. Wer aber nie vom Fleck kommt, droht im Einerlei des Alltags zu ersticken. Wer sich auf die Reise begibt, wer „wandelt", kommt „gewandelt" zurück. Allein schon durch seine körperliche Bewegung hat er das wirksamste Antidepressivum der Natur aktiviert, weil er mit jedem Schritt seines Fortgehens dafür sorgt, dass sein Hirn arbeitet, nicht zum Stillstand kommt und neugierig bleibt. „Wallfahrt“ bedeutet in diesem Sinn zunächst einfach, in Bewegung zu bleiben, Hunger nach Erfahrungen zu haben, nicht aufzuhören, auf der Suche zu sein.

André Gide rät dazu, sich an die zu halten, die die Wahrheit suchen, sich aber vor denen zu hüten, die sie gefunden haben. Kein Wallfahrer, der ans Ziel kommt, kann einem anderen das Gehen seines Weges ersparen. Aber jeder Wallfahrer, wiewohl er weiß, dass ihm niemand seinen Weg abnimmt, wird dankbar dafür sein, einen Weggefährten zu finden, der mit ihm geht. Eine solche Zuversicht wäre das, was die innerste Bestimmung von Religion wäre, nämlich einem Menschen zu helfen, sein ursprünglichstes „Vermögen“, seinen innersten Kern freizulegen und wieder zugänglich zu machen.

Im Weingarten des Lebens

Jeder Ort hat eine Geschichte. Jede Geschichte erzählt von Erfahrungen, die Menschen an bestimmten Orten gemacht haben. Die Ausbildung und Reifung der individuellen Persönlichkeit eines jeden Menschen ist somit ein auch ortsbezogener Prozess, der das ganze Leben lang andauert und von Herausforderungen und Rückschlägen begleitet wird. Die Bibel kann dabei helfen, diese zu meistern.

Auf dem Weg ans Tote Meer besuche ich die von Herodes errichtete Festung Massada, Ort eines kollektiven Selbstmordes von knapp 1.000 Juden, die im Jahr 73 n. Chr. von einem römischen Heer belagert wurden. Auf der verfallenen Festung treffe ich einen Rabbi als Hagiografen, dessen Lebensaufgabe darin besteht, die Thora, die Fünf Bücher Mose, auf Pergament zu schreiben. Im Judentum kommt dem Wort eine welterschaffende Bedeutung zu. So erzählt bereits das Erste Buch des Ersten Testaments die Erschaffung der Welt mit den Worten: „Gott sprach und es wurde!" Das Hebräische kennt keinen Unterschied zwischen Wort und Tat; „dabar" bedeutet beides. Die Aufmerksamkeit diesem Wort gegenüber als schöpferische Kraft ist der zentrale Lehr- und Lerngegenstand im Judentum. Dabei ergibt sich dort kein Missionseifer wie im Christentum, sondern eine kreative Achtsamkeit der Thora gegenüber und einem frei assoziativen Verständnis derselben Wahrheit. Im Judentum wird die Wahrheit nicht verkündet, um sie wird gemeinsam gerungen; und in diesem Ringen kommt den Texten der Fünf Bücher Mose eine zentrale Bedeutung zu.

Die Bibel auch noch aus einem den religiösen Kontext übersteigenden, ganz anderen Blickpunkt lesen zu können, verdanke ich einem Buch, das mir im Jahre 1990 zum Geburtstag geschenkt wurde. Die Lektüre schlug bei mir wie ein Blitz ein und wirbelte mein Weltbild gehörig durcheinander, weil sie „Von einem, der auszog, das Leben zu lernen" berichtete und nicht nur zum Aufbruch, zur Reise, sondern zu guter Letzt auch zum „Ausbruch" aus meiner damaligen Lebenssituation Mut machte.[59] Seither weiß ich, dass auch biblische Geschichten wie Sprengstoff wirken können. Gleichzeitig sah ich alte Texte mit neuen Augen. Plötzlich ging es nicht mehr nur wie im Theologiestudium um den Text und seine Bedeutung für die religiöse Gemeinschaft. Hier und jetzt ging es mit einem Mal um mich. Mein Leben wurde verhandelt und infrage gestellt. Meine Gefühle und daraus abgeleitete Perspektiven waren mit einem Male wichtig. Das kam mir zunächst nicht nur neu, jung und frisch, sondern durchaus auch „gefährlich" vor. Aber stärker als das „Gefährliche" war dann das für mich so noch nicht gekannte Gefühl innerer Kraft und Unerschrockenheit. Die Angst in mir wich Neugier. Niemand konnte mich in der Folge daran hindern, den für mich unverwechselbar eigenen Weg zu gehen. Die damals voller Argwohn und mit bitterem Beigeschmack mir immer wieder vorgehaltenen Schlagworte hießen „Selbstwerdung" und „Selbstverwirklichung". Sie wären, wurde ich gewarnt, „Egoismusfallen", „Ikonen der Neuzeit", die der persönlichen Freiheit des Menschen Tür und Tor öffnen würden. Genau betrachtet handelt es sich bei solchem Argwohn letztlich um die Angst vor Resonanz, vor dem Neuem und Unbekannten, vor Erfahrungen, die dem Menschen neue Perspektiven eröffnen und ihn vor die Wahl stellen, konkrete, persönliche, nicht delegierbare Entscheidungen zu treffen.

Dem gegenübergestellt wurde die Norm der Treue zum einmal eingeschlagenen Weg und das Gebot der sich selbst vergessenden Nächstenliebe. C. G. Jung, neben Sigmund Freud einer der Väter der Psychoanalyse, sieht die Selbstverwirklichung anders. Er bezeichnet mit dem Begriff des „Selbst" die Ganzheit unserer Seele im Gegensatz zum „Ich", welches nur einen Teil unseres seelischen Lebensbereiches ausmacht. Das Selbst ist gleichsam das Zentrum der Person, von dem alle psychischen Kräfte ausgehen. Es ist zunächst reine Möglichkeit, die zur Wirklichkeit werden kann, wenn das Ich seinen Signalen Beachtung schenkt. Das Ziel des Selbst ist die Selbstwerdung, die Ausbildung und Reifung der individuellen Persönlichkeit, eine Dynamik, die einen Menschen ein Leben lang begleitet und bis zu seinem letzten Atemzug nicht abgeschlossen werden kann. Es geht also nicht um ungehemmte Lustbefriedigung, vielmehr darum, die eigene Persönlichkeit zu entwickeln und zu leben. Dass das mit Schwierigkeiten, Herausforderungen, mit Rückschlägen und Enttäuschungen verbunden ist, ist gut zu verstehen. Selbstwerdung ist so betrachtet die schöpferische Verwirklichung des eigenen Selbst und so die Grundlage einer gesunden Entwicklung.

Nur wer zu sehen vermag, dass eine so verstandene „Selbstwerdung“ biblischen Texten nicht nur nicht entgegensteht, sondern in ihnen ein Grundanliegen erkennt, wird sie als persönliche Ermutigung lesen können. Zahlreiche Bilder und Erzählungen in der Bibel benennen in diesem Sinn die Selbstwerdung als zentrales Anliegen: zum Beispiel in den sogenannten Weinberggleichnissen. In ihrem Kern vergleichen sie im Ersten wie auch im Zweiten Testament (etwa bei Jesaja 5, 1-4, Lukas 13, 6-9, und Johannes 15,6) Gott mit einem Gärtner, der mit sehr viel Liebe, Einsatz und Geduld darum bemüht ist, seine Pflanzungen fruchtbar werden zu lassen. In kirchlichen Kanzelreden ist dieses Bild leider mehrfach zu Gerichtsdrohungen umgearbeitet und als zu erbringende Leistung gedeutet worden. Dabei würde ein Blick in die Natur vor Augen führen, dass Früchte wachsen und nicht gemacht werden; in der Entfaltung ihres inneren Potenzials macht die Natur sichtbar, woraufhin sie angelegt ist und dass „wachsen“ mehr mit „gelingen“ als mit „machen“ zu tun hat; die Natur ist großzügig und verschwenderisch, sie vergeudet nicht, sie verschenkt, und was das Erstaunliche dabei ist, sie produziert bei alledem keinen Müll. Die Visitenkarte der Natur ist der Reichtum. Sie produziert keinen Müll. Das schafft nur der Mensch.

Darin liegt ein erheblicher Unterschied, den der moderne Mensch nicht mehr ohne Weiteres zu verstehen bereit ist. In der herrschenden „Weltordnung“ steht der Lauf auf die besten Plätze im Vordergrund. Ohne Ehrgeiz kein Sieg! Ohne Wettbewerb kein Wachstum! Ohne Wachstum keine Weiterentwicklung! Der springende Punkt dieses gefährlichen Kurzschlusses ist, dass das, was wir für „Weiterentwicklung“ halten, im Grunde nur „Spezialisierung“ ist. Durch Wettbewerb wird diese Spezialisierung immer weitergetrieben zu etwas, das immer spezieller wird.

Um in dieser „Spezialisierungsspirale“ erfolgreich zu sein, braucht man, wie uns Gehirnforscher versichern, nicht viel Hirn, weil wir immer nur mehr von dem tun, was bis jetzt schon gut funktioniert hat. Was uns aber mehr Hirn abverlangt, was wir dringend bräuchten, wäre eine gemeinsame Konzentration auf das „Gelingen“. Dabei käme es aber darauf an, dass Menschen eine Kultur des Gelingens entwickeln. Das wäre dann eine Kultur, in der wir einander einladen, ermutigen und begeistern, ein größeres Gemeinsames miteinander zu fördern. Das setzt bei allen Beteiligten die Bereitschaft für neue Erfahrungen voraus. Zum Gelingen kann man aber keinen zwingen! Begeisterung ist nicht zu verordnen. Sie kann nur spürbar werden, wenn Menschen einerseits wissen, was für sie selbst wichtig und dann aber auch, was für alle Beteiligten bedeutsam ist. Ohne ein solches Einverständnis kann Gemeinsames nicht gelingen. Oder anders gesagt: Alles Gemeinsame setzt das Magnetfeld der Resonanz voraus. Ohne Resonanz gibt es kein Miteinander, ohne Miteinander kein ko-kreatives Gelingen.

Heilende Begegnung am Brunnen

Immer dort, wo sich Menschen begegnen und einander als Menschen erweisen, verändert sich die Welt. Wem es vergönnt ist, so vor sich und der Welt zu stehen zu kommen, der wird mit neuer Zuversicht in die Zukunft schauen. Und er wird dabei eine wunderbare Erfahrung machen: Das Ermutigende, Motivierende, ja Heilende besteht nicht in dem, was einer am anderen Menschen verrichtet, sondern was die Gegenwart eines Menschen auf geheimnisvolle Weise in einem anderen bewirkt.

Eine einsame Siedlung in der Judäischen Wüste beeindruckt durch ihre Kargheit. Wovon leben hier die Menschen? Es sind Beduinen, die mit ihren Herden durch die Wüste ziehen. Ihre wichtigste Sorge gilt dem Wasser. Das vierte Kapitel des Johannesevangeliums erzählt, wie Jesus „um die sechste Stunde", also zur Mittagszeit, „müde von der Reise" zum Jakobsbrunnen kommt und sich dort hinsetzt, um zu rasten. Da kommt eine Frau, um Wasser zu schöpfen. Jesus sagt zu ihr: „Gib mir zu trinken!" Die Frau antwortet ihm: „Wie kannst du als Jude mich, eine Samariterin, um Wasser bitten? Die Juden verkehren nämlich nicht mit den Samaritern."[60] Jesus antwortet ihr: „Wenn du wüsstest, worin die Gabe Gottes besteht und wer es ist, der zu dir sagt: Gib mir zu trinken, dann hättest du ihn gebeten, und er hätte dir lebendiges Wasser gegeben." Sie sagt zu ihm: „Herr, du hast kein Schöpfgefäß, und der Brunnen ist tief; woher hast du also das lebendige Wasser? Bist du etwa größer als unser Vater Jakob, der uns den Brunnen gegeben und selbst daraus getrunken hat, wie seine Söhne und seine Herden?"[61]

Der noch heute erhaltene Jakobsbrunnen ist 32 Meter tief. Mit „lebendigem Wasser" ist zunächst „fließendes" im Gegensatz zum abgestandenen, stehenden Wasser gemeint. Jesus sagt ja weiter: „Wer von diesem Wasser trinkt, wird wieder Durst bekommen, wer aber von dem Wasser trinkt, das ich ihm geben werde, wird niemals mehr Durst haben; vielmehr wird das Wasser, das ich ihm gebe, in ihm zur sprudelnden Quelle werden, deren Wasser ewiges Leben schenkt." Da antwortet die Frau: „Herr, gib mir dieses Wasser, damit ich keinen Durst mehr habe und nicht mehr hierherkommen muss, um Wasser zu schöpfen."

Und wie die beiden nach und nach miteinander ins Gespräch kommen, kommt alles zur Sprache, was für die Frau wichtig ist und was sie nie „freiwillig“ einem Fremden gegenüber einzugestehen bereit gewesen wäre. Es handelt sich dabei – wie ich das gerne nenne – um den „Das-hätte-ich-nie-gedacht-Effekt“, der mich im Blick zurück darüber staunen lässt, was mir im Blick voraus in den kühnsten Träumen nicht in den Sinn gekommen wäre. Solche Erfahrungen sind Sternstunden der Resonanz und der Kohärenz! Dabei sagt Jesus der Frau auf den Kopf zu: „Du hast richtig gesagt: ‚Ich habe keinen Mann.‘ Denn fünf Männer hast du gehabt und der, den du jetzt hast, ist nicht dein Mann. Damit hast du die Wahrheit gesagt.“ Die Frau sagt zu ihm: „Herr, ich sehe, dass du ein Prophet bist.“

Diese Szene im Evangelium des Johannes ist aus mehreren Gründen sonderbar. Ein Brunnen ist im Orient weit mehr noch als in unserem Kulturkreis ein Ort des Lebens und des Überlebens, das oben im Psalm 23 besungene „Wasser der Ruh“ für Beduinen und ihre Herden ein Paradies.

Brunnen sind Orte der Begegnung. Aber das Ungewöhnliche an dieser Begegnung zwischen Jesus und der Frau ist der Zeitpunkt. Niemand geht um die Mittagszeit, in glühender Hitze, zum Brunnen, um Wasser zu holen, es sei denn, er/sie will, aus welchen Gründen auch immer, von den anderen nicht gesehen werden. Darum nehmen die Exegeten unter Verweis auf den Inhalt des Gesprächs an, dass es sich bei dieser Frau um eine Prostituierte handeln könnte, die deshalb zur Unzeit zum Brunnen geht, um dadurch den verächtlichen Blicken anderer Frauen zu entkommen. Diese Frau also sucht Wasser – und findet in ihrem Gesprächspartner einen Menschen, der um sie weiß, der sie durch und durch zu kennen scheint. Ein außerhalb der Bibel überliefertes Jesuswort sagt: „Begegnet dir ein Mensch, begegnet dir Gott.“ Immer dort, wo einem Menschen ein Mensch begegnet, der sich diesem Menschen als Mensch erweist, verändert sich die Welt und der Horizont beider. Wem es gegönnt ist, durch persönliche Begegnung so vor sich und seinem Leben zu stehen zu kommen, der wird mit einem neuen Blick in die Zukunft schauen können. Die Frucht aus solcher Begegnung ist nicht mehr die Angst, durchschaut zu werden, sondern eine neue Zuversicht im Blick nach vorne.

Die Samariterin am Jakobsbrunnen fühlt sich durchschaut, aber nicht durchleuchtet, erkannt, aber nicht bloßgestellt. Dadurch kann sie mit neuen Augen ihren Blick auf ihr Innerstes, auf ihre unverwechselbare bisher gelaufene Lebensgeschichte richten. Jesus belehrt nicht, er konfrontiert. So öffnet sich ihr eine allzu lange nicht mehr betretene Landschaft. Sie nennt ihn einen „Propheten" und meint damit wohl einen „Engel", wie auch wir jemanden bezeichnen, der uns guttut, einen Boten Gottes, dessen vornehmliche Eigenschaft nicht in erster Linie in „hellseherischer Fähigkeit" besteht, sondern in seiner Art, den Blick auf das im Innersten Versteckte zu lenken, damit es „entdeckt" und „freigearbeitet" werden kann.

Der Brunnen wird so zum Ort der Begegnung, und egal, was war und was geschehen wird: Die Begegnung wird zum Moment der Vergebung, zum Ort der Gnade. Wo das spürbar ist, erntet jeder, obwohl er nicht gesät hat, und es wird ihm geschenkt, wofür er nicht gearbeitet hat. Aus seinem Inneren beginnt „lebendiges Wasser" zu fließen. Das in der christlichen Verkündigung so oft ausschließlich auf Jesus bezogene Wort bei Johannes „Wer Durst hat, komme zu mir und trinke. Aus seinem Inneren werden Ströme von lebendigem Wasser fließen" (Joh 7, 37-39) kann guten Gewissens von jedem Menschen behauptet werden, dem es gelingt, in der Begegnung mit anderen Menschen Hebammendienste zu leisten, damit der andere ermutigt wird, der zu sein, der er ist, und zu werden, was er sich bisher nicht zugetraut hat. Dieser Zusammenhang von Religion und Therapie ist für Jesus so wesentlich, dass er im 6. Kapitel des Markus-Evangeliums sagt, die Jünger sollten in die Dörfer Galiläas gehen und die Dämonen austreiben, die Krankheiten heilen und dann davon reden, wie nah Gott den Menschen sei. Da ist es für Jesus ein und dasselbe, ein religiös motiviertes Vertrauen zu bilden und dem Menschen die Angst zu nehmen, die, wird sie nicht beseitigt, ihren Niederschlag in körperlichen Leiden findet.

Dabei geht es zuallererst um die Ermutigung, endlich auszusprechen, was viel zu lange unausgesprochen darauf gewartet hat, in Erscheinung treten zu können, an die Oberfläche zu kommen, vernehmbar zu werden. Und mit dem Aussprechen ist eine Art „Schöpfungsakt" vollzogen, ein „Befreiungsschlag" gelungen. Gewiss: „gesagt" ist noch nicht „getan", aber ein erster Schritt ist gesetzt, den viele Patienten immer wieder mit dem Gefühl beschreiben, „endlich auf- und durchatmen zu können", „wie neugeboren" zu sein. Der Boden, auf dem solches „Neugeborenwerden" wachsen kann, besteht in der Grundhaltung der unverdienten und bedingungslosen Akzeptanz des anderen. Kein „du sollst", kein „du musst", auch kein „du wirst jetzt!", sondern einfach nur von Angesicht zu Angesicht „du da", der eine dem anderen in Augenhöhe gegenüber, als Auftakt der Begegnung und Ausgangspunkt kommender Hilfe und Heilung.[62]

Es gibt keine Psychotherapie, die nicht von der Voraussetzung ausginge, dass die Wahrheit in der menschlichen Person selber liegt, dass es möglich sei, sie nach und nach in einem ruhig verlaufenden Gespräch freizuarbeiten. Im Umgang mit seinen Schülern war Sokrates davon überzeugt, dass sich die Wahrheit aus einem Menschen herausarbeiten lasse, dass sie in ihm sei, dass sie ihm nicht von außen „hineingesagt" werden müsse. Die Technik der freien Assoziation, gewissermaßen eine bewusst-unbewusste Resonanztechnik, die Sigmund Freud vor 120 Jahren erfand, geht von der (freilich nicht „beweisbaren") Überzeugung aus, dass die Kraft des Verstehens Hebammendienste leisten könne für die Wahrheit, die im Menschen ist. Auch das biblische Bild vom guten Hirten skizziert die Konzeption einer nachgehenden Seelsorge, die die Herde für eine gewisse Zeit verlässt, um einem einzigen Schaf nachzugehen. Das Suchen, das Tragen des Verlorenen, ist das „therapeutische Programm" des Jesus von Nazareth.

Ijob und sein Aufstand gegen Gott

Weil nichts ohne sein Gegenteil wahr ist, hat Resonanz natürlich niemals nur mit positiven Erfahrungen zu tun. Das zeigt der Verzweiflungsschrei Jesu am Kreuz, das Gottesbild des verzweifelten Ijob und das Entsetzen an der Gedenkstätte für die im Holocaust ermordeten Juden. Daran ist gut erkennbar, wie Judentum und Christentum Leid verstehen, aber auch, wie man die Lehre missdeuten kann.

In Yad Vashem, nahe dem Herzlberg in Jerusalem, in dieser Gedenkstätte für die im Holocaust ermordeten sechs Millionen Juden existiert auch ein Denkmal für die eineinhalb Millionen ermordeten Kinder und Jugendlichen. Der Hauptraum der Gedenkstätte ist komplett verspiegelt und reflektiert das Licht von fünf Kerzen. Die tausendfache Spiegelung dieser fünf Lichter bewirkt enorme Betroffenheit. Die Besucher hören über ein Endlostonband Alter und Ort der bis heute bekannten Namen der Ermordeten. Um alle Namen wiederzugeben, benötigt es ungefähr drei Monate und ruft so den

Besuchern das Wort des Propheten Jesaja in Erinnerung: „Ihnen allen errichte ich in meinem Haus und in meinen Mauern ein Denkmal, ich gebe ihnen einen Namen, der mehr wert ist als Söhne und Töchter: Einen ewigen Namen gebe ich ihnen, der niemals getilgt wird." (Jes 56,5)

Im Film „Zeichnen gegen das Vergessen" wird gezeigt, wie der Maler Manfred Bockelmann den Ermordeten die als Nummer in den Archiven verschwanden, wieder ein Gesicht zu geben vermag. Mit Kohlestift auf grober Juteleinwand zeichnet er in horizontalen Linien ein Porträt nach dem anderen. Diese Kinder blicken uns von Angst erfüllt fragend an: „Warum ich?" In Yad Vashem fällt mir ein, wie ich beim Betrachten dieser Bilder unweigerlich an den Psalm 22 denken musste, den der sterbende Jesus am Kreuz in die Welt schreit: „Mein Gott, mein Gott, warum hast du mich verlassen?"

Dieses Gebet wird oft als Verzweiflungsschrei ausgelegt und mit der Frage verbunden, ob nicht einer, der sich als „Sohn Gottes" begreift, etwas daran hätte ändern können. Gewiss: Dieses Gebet ist ein Verzweiflungsschrei, aber nicht nur das. Jesus ist dieses Gebet von Kindesbeinen an vertraut. Er weiß nicht nur, wie es beginnt, sondern vor allem, wie es endet – nicht in völliger Verzweiflung, sondern voller Hoffnung: „Ich will von deinem Namen meinen Brüdern erzählen, inmitten der Versammlung will ich dich preisen … Denn er hat nicht missachtet, hat nicht verschmäht die Gebeugtheit des Gebeugten, hat sein Antlitz vor ihm nicht versteckt, hat gehört, wenn er zu ihm gestöhnt hat."[63]

An vielen Stellen der Bibel prägt eine solche Hoffnung die Gottesvorstellung. Das Buch Ijob berichtet von einem vorbildlichen, frommen und gerechten Mann, der verdächtigt wird, nur zu Gott zu halten, solange es ihm gut geht, aber den Glauben zu verlieren, sobald er ihm nichts mehr einbringt. In der

Folge verliert Ijob alles. Eine „Ijobsbotschaft" jagt die nächste: Seine Herden werden gestohlen, Hab und Gut ein Raub der Flammen, die Kinder kommen ums Leben und zuletzt wird er selbst mit Krankheit geschlagen. Da kommen drei Freunde, um ihn zu trösten, bedienen sich dabei aber lediglich billiger Worthülsen. Sie sagen ihm, er müsse nur seine Schuld bekennen, um vor Gott wieder als Gerechter dazustehen.

In solchen „Tröstungen" praktizieren sie ein moralisierendes Gottesbild, welches das Leid aus der Schuldverstrickung des Menschen erklärt, ihm ständig ein schlechtes Gewissen mit auf den Weg gibt, im Grunde den Menschen klein macht und klein hält, damit Gott groß sein kann. Die Rahmenbedingungen dieses Gottesbildes lauten: „Wen Gott liebt, den züchtigt er." Die Haupttugend eines solchen Gottesglaubens ist der Gehorsam nach der Devise „blind gehorchen und aufs Wort parieren". Dabei handelt es sich beim Selbstbewusstsein um das Kostbarste, das wir haben, unser aus unserem Innersten kommendes Wollen.

Ein gebrochener oder verbogener Wille kann niemals ins Leben führen, er muss in der Depression landen. Dagegen wehrt sich Ijob. Er ist sich keiner Schuld bewusst und lässt sich auch keine einreden. Dieses Selbstbewusstsein eines Menschen vor seinem Gott ist in der Religionsgeschichte erstmalig in diesem biblischen Buch belegbar. Das Geschöpf tritt in Augenhöhe seinem Schöpfer gegenüber. Für Ijob bringt der Glaube nichts ein, er bekommt keine Antwort auf seine Fragen, schließt aber zum Ende doch mit einer neuen Erfahrung: „Aufs Hörensagen des Ohrs habe ich dich gehört, jetzt aber hat dich mein Auge gesehen." (Ijob 42,5)

Die Botschaft des Buches Ijob ist nüchtern: Unglück ist keine Folge von Schuld und Gerechtigkeit ist keine Garantie für das Glück. Die letzte Gerechtigkeit, die Ijob entdecken kann, lautet: Der Glückliche und der Unglückliche landen beide in der Erde und Gewürm deckt sie zu. „Zur Grube ruf ich: Mein Vater bist du! Meine Mutter, meine Schwester, zum Wurm."[64] Ijob und Freud sind sich in ihrer Kritik darin einig, dass ein naiv-archaisch-moralisierender Gott ein Götze ist und den Menschen nicht erlösen und befreien kann. Im Unterschied zu Sigmund Freud setzt Ijob aber einen Gott, der Beziehung ist und nicht mit Metaphysik, Moral oder Weltanschauung verwechselt werden darf.

Das Buch Ijob zeigt, dass der Glaube kein billiges Geschäft ist, sich nicht lohnt und in seiner Begründung nur einen einzigen Grund hat, und der ist Gott. Wie es auch nur einen einzigen Grund für die Liebe gibt, und das ist die Liebe. Liebe genügt der Liebe so, wie der Glaube dem Glauben genügt. Dieser Glaube muss nutzlos und zwecklos sein, nur dann ist er sinnvoll und Ausdruck von Freiheit. Alles andere führt unweigerlich dazu, dass Gott groß- und der Mensch kleingeredet wird. Dann werden Bescheidenheit, Demut und Gehorsam überbetont, Zivilcourage, Ermutigung und, wenn nötig, das Auftreten als brüllender Löwe entwertet.

Zugegeben: Wer in dieser Welt bei der Zusammenschau von Leiden, Unrecht und Naturkatastrophen von Gott zu reden beginnt, hat es schwer. Atheisten haben es da leichter. Aber die Kritik der Atheisten ist nichts im Vergleich mit der Kritik Ijobs an Gott. Der Atheist hält ja bei dem, was er gegen Gott vorzubringen hat, an Gott nicht fest, sondern sieht darin einen Beweis, dass es ihn nicht geben kann. Ijob hingegen hält durch alle Erfahrung hindurch an Gott fest, spielt das Leiden nicht herunter, erklärt und verklärt es nicht. Er will nicht von Gott los, er will nur wissen, was mit Gott los ist. Darin lässt sich die Kernresonanz tiefen und echten Glaubens beschreiben. Glaube muss, wie das Leben überhaupt und die Liebe auch, nutzlos und zwecklos erscheinen, nur so kann er auch als sinnstiftendes Resonanzerlebnis erfahren werden. Alles andere wäre Zweckbestimmung und Ausnutzungsverhalten. Nur aus nutzlosem und zweckfreiem Resonanzerleben werden der Glaube, das Leben und die Liebe zu den tragenden Säulen der menschlichen Existenz.

Elija oder wie Depression heilen kann

Die Erfahrung negativer Resonanzerlebnisse lässt sich noch steigern bis hin zum Wunsch, nicht mehr leben zu wollen! Die Grabeskirche in Jerusalem ist für solche Überlegungen ein guter Ort, ein Ort des Zanks der Konfessionen, aber auch ein Kraftort, zu dem viele Menschen pilgern, um sich Ermutigung in scheinbar aussichtsloser Lage zu holen – wie einst der biblische Prophet Elija in der Judäischen Wüste. Wer die Kirche als Pilger betritt, steht am Ziel seiner langen Reise. Der erste Ort, den er dort direkt hinter dem Eingang vorfindet, ist der Salbungsstein, der an die Salbung des Leichnams Jesu auf Golgotha nach seiner Abnahme vom Kreuz erinnert. Das Wunderbare an dieser Stelle ist für mich seine unbestrittene ökumenische Mitte, die Tatsache, dass dieser Ort als gemeinsamer Besitz der sechs in der Grabeskirche vertretenen Konfessionen außer Streit steht. Griechisch-orthodoxe, römisch-katholische, armenische, syrisch-orthodoxe, koptische und äthiopisch-orthodoxe Christen wissen sich hier zu Hause. Um alles andere aber, was sich rund um den Salbungsstein befindet, wird seit jeher gerungen, gestritten, gekämpft.

An der Fassade über dem Hauptportal zur Grabeskirche fällt mir eine längst nutzlos gewordene Holzleiter auf. Sie diente im 19. Jahrhundert den Mönchen zum Einstieg in die

Kirche, wenn die Tore behördlich geschlossen waren. Seit vielen Jahrzehnten laufen Bestrebungen, diese Leiter zu entfernen, doch ist es bis heute unmöglich, einen Entschluss darüber zu fassen, wer dazu berechtigt wäre. Welch stimmiges Symbol für die vermeintlich kleinen und manchmal doch so großen Probleme, die sich in unseren Alltag schleichen und von dort so einfach nicht wieder loszukriegen sind!

Wer das Glück hat, an einem Sonntagmorgen die Grabeskirche zu besuchen, wird das Sang- und Klangerlebnis bei den Gottesdiensten der verschiedenen Konfessionen lange in Erinnerung behalten. Dazu der Weihrauch, die vielen Kerzen, die unterschiedlichen Sprachen, die man nicht verstehen muss, es genügt, davon ergriffen zu sein … Das alles lässt mich diesen Tag als Beten mit allen Sinnen nicht mehr vergessen. An solchen Orten tanken viele Menschen auf, holen sich Kraft und Mut für die weiteren Wege im Leben. Einige Mitreisende erzählen mir, sie wären hierhergekommen in der Hoffnung, in irgendeiner Weise durch diese Reise, durch den Besuch solcher Orte, Kraft zu tanken, Mut zu schöpfen, um zu spüren, um besser zu verstehen, wie es im Leben weitergehen könnte.

Dazu liest sich das Schicksal des Propheten Elija wie die geradezu „heutige“ Geschichte eines Menschen, der nicht mehr weiterweiß und auch die Kraft für den nächsten Schritt nicht mehr aufzubringen vermag. Sein einziger Wunsch besteht darin, hinauszuwandern in die Wüste, weg von den Menschen. Das Schlimmste in seelischen Krisenzeiten sind für die Betroffenen die neugierigen Fragen der Menschen, die nicht aus dem Wunsch zu helfen, sondern aus einer „eigenartig-wurmstichigen“ Wissbegierde kommen. Elija wandert also eine Tagesreise weit in die Wüste hinein, weg von den Menschen, und legt sich dort mit dem Wunsch zu sterben unter einen

Ginsterstrauch. Diese knappe Szene aus dem Ersten Buch der Könige ist wohl eine der frühesten literarischen Beschreibungen für das, was wir heute „schwere Depression“ oder auch „Burn-out-Syndrom“ nennen.

> „Er kam nach Beerscheba in Juda und ließ dort seinen Diener zurück. Er selbst ging eine Tagesreise weit in die Wüste hinein. Dort setzte er sich unter einen Ginsterstrauch und schlief ein. Doch ein Engel rührte ihn an und sprach: Steh auf und iss! Als er um sich blickte, sah er neben seinem Kopf Brot, das in glühender Asche gebacken war, und einen Krug mit Wasser. Er aß und trank und legte sich wieder hin. Doch der Engel des Herrn kam zum zweiten Mal, rührte ihn an und sprach: Steh auf und iss! Sonst ist der Weg zu weit für dich. Da stand er auf, aß und trank und wanderte, durch diese Speise gestärkt, vierzig Tage und vierzig Nächte bis zum Gottesberg Horeb.“ (1 Kö 19, 3-8)

Zwei Aspekte in dieser Erzählung erscheinen mir bemerkenswert: Zunächst ist es eine gerade in schweren Zeiten „lebensnotwendende“ Erfahrung, dass die wirksamste Therapie nicht greifen kann, wenn sie nicht angenommen wird, wenn der andere Mensch als „Engel“ keine Chance bekommt. Sich helfen zu lassen und Hilfe anzunehmen ist immer auch eine Übung der „Demut“, Mut also, einen angebotenen Dienst auch anzunehmen. Ich kenne viele Menschen, die dazu auch in äußerster Not nicht ohne Weiteres in der Lage waren. Es ist für mich manchmal sehr schmerzlich mitzuerleben, wie bei lebensbedrohlichen Krankheitsverläufen aus versteckten „beziehungskriminologischen“ Gründen heilsame Angebote ausgeschlagen werden, so als wollte der Hilfsbedürftige den Helfenden mit seiner Weigerung, sich helfen zu lassen, bestrafen.

Der zweite Aspekt in dieser Geschichte klingt hoffnungsvoller: Es müssen nicht Pilgerstätten sein, deren Kraftplätze seit Jahrhunderten außer Streit stehen, es müssen nicht Wesen mit Flügeln sein, die einem Menschen in seiner Not zum Aufstehen und Weitergehen motivieren. An jedem Ort in dieser Welt kann das geschehen. Jeder Mensch kann jeden Tag einem anderen Menschen einen solchen Liebesdienst leisten, vorausgesetzt, dass er mit offenen Sinnen und feinen Antennen für die Not und die Bedürfnisse seiner Mitmenschen unterwegs ist. Es müssen also nicht Pilgerstätten und auch nicht Engel mit Flügeln sein, die als Götterboten für neue Perspektiven, für Ermutigung, Auferstehung und Zuversicht sorgen. Manchmal genügt auch ein Ginsterstrauch. Und so mancher Engel des Alltags weiß gar nichts vom Glück, das er anderen auszurichten vermochte, wie zum Beispiel die Nachbarin jener Frau irgendwo in Oberkärnten, die anklopft, um sich Kräuter für ihre Mittagssuppe auszuborgen und damit eine von Einsamkeit und Verzweiflung Geplagte davor bewahrt, sich das Leben zu nehmen.

Das war erst der Anfang

Oft in meinem Leben hat eine Erfahrung, für die ich im Blick zurück dankbar bin, unmotiviert, eher negativ und vielleicht sogar enttäuscht begonnen; wie bei den beiden Karrieristen, deren resignierter Fußmarsch nach Emmaus zu einem entscheidenden Wendepunkt in ihrem Leben werden konnte und für deren Zukunft noch eine Bedeutung erhalten sollte, die keiner von beiden vorher auch nur im Traum für möglich gehalten hätte.

Ich finde dich in allen diesen Dingen,
denen ich gut und wie ein Bruder bin;
als Samen sonnst du dich in den geringen
und in den großen giebst du groß dich hin.

Das ist das wundersame Spiel der Kräfte,
dass sie so dienend durch die Dinge gehn:
in Wurzeln wachsend, schwindend in die Schäfte
und in den Wipfeln wie ein Auferstehn.[65]

Ich erlebe das Wadi Qelt in der Regenzeit. Unglaublich, im besten Sinn des Wortes nicht zu glauben, unvorstellbar, wenn man es nicht mit eigenen Augen gesehen hätte, wie durch den Regen über Nacht die Wüste zu blühen beginnt. „Auferstehung" ist spätestens nach einer solchen Wanderung nichts Abstraktes mehr und die „Rose von Jericho", die ich mir als Souvenir mit nach Österreich nehme, erinnert mich immer wieder an diesen Auferstehungseffekt. Über Monate kann sie ohne Wasser auskommen, sieht in der Trockenheit kümmerlich aus, sobald es aber feucht wird, wird sie grün und blüht auf. Wer „Auferstehung" begreifen will, muss mit „allen diesen Dingen" in der Natur in geschwisterlicher Verbindung stehen, muss um seine innere Balance genauso Bescheid wissen wie um die in der Natur; anders wird er sich nie als Teil eines größeren Ganzen begreifen können. Im Blick auf die Natur wie im Blick auf den Menschen bedeutet Auferstehung deshalb, in Resonanz zu treten und miteinander füreinander Verantwortung zu tragen!

Ungefähr elf Kilometer von Jerusalem entfernt liegt Emmaus. Dorthin sind, wie der Evangelist Lukas berichtet, zwei enttäuschte Freunde unterwegs. Ihr Traum, an der Seite eines Superstars Karriere zu machen, ist ausgeträumt. Resigniert sprechen sie miteinander über all das, was sich in den letzten Tagen ereignet hat. Während sie so ihre Gedanken austauschen, spricht sie ein Fremder an und fragt, worüber sie so leidenschaftlich miteinander diskutieren. Sie bleiben stehen und fragen ihn, ob er von dem, was in Jerusalem Tagesgespräch ist, überhaupt nichts vernommen habe? „Was denn?", fragt er zurück. Und so erzählen sie ihm von Jesus aus Nazareth, einem Propheten, „mächtig in Wort und Tat vor Gott und dem ganzen Volk"; und dass diesen die Hohenpriester und Führer zum Tod verurteilt hätten. Einigen Frauen seien Engel erschienen und hätten ihnen gesagt, dass er lebe. Ihn selbst allerdings hätten sie nicht gesehen.

Da beginnt der Fremde ihnen darzulegen, wie sehr sie den Sinn der Schrift nicht verstanden hätten. „Musste nicht der Messias all das erleiden, um so in seine Herrlichkeit zu gelangen?", fragt er sie. Und dann fängt er an, ihnen ausgehend von Mose und allen Propheten zu erklären, was in der gesamten Schrift über den Messias geschrieben steht. Während sie so miteinander reden, erreichen sie Emmaus und der Fremde tut so, als wolle er weitergehen. Die beiden Freunde aber drängen ihn, zu bleiben. Da geht er mit und bleibt bei ihnen. Sie decken füreinander den Tisch und der Fremde nimmt das Brot, spricht ein Dankgebet und teilt es mit ihnen. Da gehen ihnen die Augen auf, sie erkennen im Fremden den Freund, im Weggefährten den Vertrauten. Aber im Moment des Erkennens entschwindet er ihnen. Sie sagen zueinander: „Brannte uns nicht das Herz in der Brust, als er unterwegs mit uns redete und uns den Sinn der Schrift erschloss?" Noch in derselben Stunde, so erzählt Lukas, brechen sie auf, kehren nach Jerusalem zurück und finden dort ihre Freunde versammelt. Was ihnen an unglaublichen Geschichten dort erzählt wird, ergänzen sie durch eigene Erfahrung.

Im Miteinanderreden wächst die Zuversicht, dass die Geschichte mit diesem Jesus aus Nazareth nicht nur nicht zu

Ende ist, sondern im Grunde gerade eben erst begonnen hat. Was die beiden unterwegs miteinander und aneinander erleben, ist das, was Martin Buber mit dem schönen Satz beschreibt: „Alles wirkliche Leben ist Begegnung." In Alexandrien hat man die Christen zuallererst „Die Leute vom Weg" genannt. Das wohl deshalb, weil das, was Menschen Halt gibt, nicht in der Stube der Gelehrsamkeit, sondern unterwegs im Gespräch mit anderen gefunden werden kann. Wer aufbricht und geht, weiß durch täglich neue Erfahrung, dass jeder Mensch jedem Menschen etwas zu sagen hat, was ja nicht bedeutet, dass jeder Mensch von jedem Menschen immer alles wissen will, wohl aber, dass Menschen Beziehungswesen sind und es ein Leben lang bleiben. Aus diesem Grundbedürfnis wachsen „Weggemeinschaften", aus diesen wie von selbst „Erzählgemeinschaften" und aus diesen „Mahlgemeinschaften". Ausgangspunkt dieser österlichen Erfahrung aber ist die Kunst, aufzuhören, voreinander Angst zu haben, sich daran zu erinnern, dass alle unsere Freundinnen und Freunde zunächst Fremde waren.

In der Kraft solcher Erfahrung verscheucht die Begegnung die Resignation und aus der Zwiesprache wächst Zuversicht. Zwiesprache meint aber nicht das eifrige „Aufeinander-zu-Reden" (Martin Buber) denkbegabter Menschen, das man zutreffend „Diskussion", also „Auseinanderschlagung", nennt. Auch meint es nicht das schulterklopfende billige Einverständnis miteinander vertrauter Menschen, die einander wie alte Hasen augenzwinkernd zunicken. Es meint eher das, was André Heller in seiner Rede am 12. März 2018 in der Wiener Hofburg beim Gedenkakt zum 80. Jahrestag des „Anschlusses" Österreichs an Nazi-Deutschland „Weltmuttersprache Mitgefühl" genannt und gefordert hat. Jahrzehntelang habe er gedacht, etwas Besseres und deshalb zum Hochmut berechtigt zu sein, sagte Heller. Eines Tages sei er in einem Waggon der Londoner U-Bahn gestanden, habe um sich unterschiedlichste Menschen wahrgenommen, die sich in unterschiedlichsten Sprachen miteinander unterhalten hätten. In einer Art von Blitzschlag habe er damals erkannt, dass jede und jeder von diesen Frauen und Männern, auch er selbst nicht Deutsch, Englisch, Russisch, Chinesisch, Spanisch, Arabisch oder Swahili als wirkliche Muttersprache spricht, sondern dass unsere wirkliche Muttersprache das Mitgefühl sein müsste. Es ermöglicht uns in jedem anderen, uns selbst zu erkennen, mit ihm innigst und liebevoll verbunden zu sein und diese Erkenntnis in weiterer Folge in all unseren Gedanken und Taten zu berücksichtigen.

Seit 25 Jahren wohne ich im Bezirk Josefstadt in Wien. Einer meiner ersten Besucher dort, ohne eine psychotherapeutische Behandlung in Anspruch zu nehmen, war der legendäre Pfarrer der nahen Piaristenkirche, P. Hartmann Thaler, der am 22. September 2019 102 Jahre alt geworden wäre. Immer wieder einmal habe ich seine Predigten genossen. Je älter er wurde, umso knapper und kostbarer wurden sie. Eine dieser beeindruckenden, an einem Ostersonntag gehaltenen Ansprachen habe ich noch im Ohr:

> „Wenn ich mit meiner Predigt jetzt gleich am Ende sein werde, wird der Chor das Credo anstimmen. Wenn Sie auf den Text achten, werden Sie bald merken, dass dort sehr komplizierte Dinge formuliert werden. Um die sollen sich der Papst und die Bischöfe kümmern. Wir hier heute feiern Ostern und das bedeutet: DIE RICHTUNG STIMMT! Mehr brauchen wir nicht zu wissen! Frohe Ostern!“

So kann Resonanz auch bedeuten, das Wesentliche vom Unwesentlichen unterscheiden zu können, die Spreu vom Weizen zu trennen und in der Kürze die Würze unserer Reden zu sehen.

Wir sind nur Gast auf Erden, Flüchtlinge nicht einmal das ...

„Sagt mir, was bedeutet der Mensch? Woher ist er gekommen? Wo geht er hin? Wer wohnt dort oben auf goldenen Sternen?“

So fragt der „Jüngling-Mann“ die Wogen des Meeres in Heinrich Heines Gedicht „Fragen“ und kommt in ihrem Gemurmel, im Wehen des Windes, im Fliehen der Wolken und im gleichgültig kalten Blinken der Sterne zur Gewissheit, dass lediglich Narren auf Antwort warten ...“[66]

Trotzdem scheint sich das Fragen und Suchen nicht nur für Narren zu lohnen; nicht weil jemand schlüssige Antworten wüsste, sondern weil das Suchen und Fragen, das Forschen, Finden und Wieder-Verlieren zum Menschen gehört und das Ausschau-Halten nach besseren Möglichkeiten in immer neue Wege und drängende Fragen mündet, für kreative Unruhe sorgt. Der Mensch ist vom Anfang seines Lebens bis zu seinem letzten Atemzug ein Wanderer, Fragender, Sehn-Suchender.

Während Reisende aufbrechen, um die Welt kennenzulernen, werden Flüchtlinge aus der nackten Angst um ihr Leben durch die Welt getrieben. In meiner kleinen persönlichen Welt habe ich die Schriftstellerin Nelly Sachs (1891–1970) zur Schutzpatronin aller Flüchtlinge ernannt. Sie hatte ihre erlebten und „durchlittenen“ Schicksalsschläge so beklemmend in Worte zu fassen vermocht, dass sie als die wesentlichste Stimme unter vielen den Satz des Philosophen Theodor W. Adorno widerlegen konnte, dass es „barbarisch“ wäre, nach Auschwitz ein Gedicht zu schreiben.[67] Die jüdisch-deutsch-schwedische Lyrikerin Nelly Sachs wird in Berlin geboren und ist bereits mit 15 Jahren so fasziniert von Selma Lagerlöfs Debütroman

„Gösta Berling", dass sie mit der schwedischen Schriftstellerin in einen Briefwechsel eintritt, der über 35 Jahre andauert. Die in Stockholm lebende Selma Lagerlöf erhält 1909 als erste Frau den Nobelpreis für Literatur.

Nelly Sachs schreibt ihre ersten Gedichte mit 17 Jahren. 1921 erscheint mit Unterstützung von Stefan Zweig ihr erster Gedichtband „Legenden und Erzählungen". Nach dem Tod ihres Vaters (1930) lebt sie mit ihrer Mutter zurückgezogen „ein Leben unter Bedrängung" und verspürt als Jüdin in sich nur noch den „höchsten Wunsch auf Erden: Sterben, ohne gemordet zu werden". Ihre Texte sind gezeichnet von Trauer und Leidenschaft zugleich. In der um sie herum stattfindenden Vernichtung findet die Dichterin die Quelle ihres literarischen Schaffens. Zusammen mit ihrem Freund Paul Celan (1920–1970) gehört sie zu den wichtigsten deutschsprachigen Lyrikern der Nachkriegszeit. 1940 gelingt ihr buchstäblich in letzter Minute die Flucht im Flugzeug nach Stockholm; dort hatte sie still auf die Hilfe von Selma Lagerlöf gehofft, die aber vor ihrer Ankunft in Stockholm am 16. März dieses Jahres stirbt. 1966 wird ihr „für ihre hervorragenden lyrischen und dramatischen Werke, die das Schicksal Israels mit ergreifender Stärke interpretieren"[68], der Nobelpreis für Literatur verliehen. Nelly Sachs ist unverheiratet geblieben, stand aber über Jahrzehnte in einer Beziehung zu einem Mann, der deshalb mehrmals von der Gestapo verhört und gedemütigt wurde. Man hat sie gezwungen, das Martyrium ihres Geliebten mitzuerleben und ihn „zu Tode getroffen zusammenbrechen" zu sehen. Am 12. Mai 1970 stirbt sie in Stockholm.

IV.

Spiritualität in der Kunst: Die alles durchdringende Resonanzsphäre

Wenn wir in diesem Buch eingangs vom vierfachen Abenteuer der Resonanz gesprochen und dessen tiefste Erfahrung in der Stille des wortlosen Staunens vermutet haben, so dürfen wir jetzt am Ende dieses Spaziergangs vermuten, dass sich in praktizierter Spiritualität und in jeder Art von ausgeübter Kunst die alles durchdringenden Resonanzsphären manifestieren, die dieses wortlose Staunen in unübertreffbarer Art und Weise zugänglich zu machen vermögen. Nie ist ein Mensch so da, wie dann, wenn er ganz weg ist. Und nie gerät ein Mensch weniger in Gefahr, sich mit Gott zu verwechseln, als in solchen Momenten. Mit offenem Mund steht er da und findet die Worte nicht, um zu beschreiben, was in ihm vor sich geht. Und wenn er Worte dafür findet, werden es Worte des Staunens, der Überraschung, des Lobes, der Dankbarkeit sein oder aber, wie das von Johannes Brahms erzählt wird, Worte des Bedauerns; dieser hätte beim Blick auf die Partitur eines Kollegen voller Bewunderung ausgerufen: „Sehr schön, aber leider nicht von mir!" Wo Erlebnisse in dankbares, grenzenloses Staunen führen, verschwinden Grenzen und dort, wo Grenzen waren, wachsen Resonanzen, Ermutigung und Fantasie und mit ihr auch ein Hauch von Zuversicht, dass sich in dieser Welt durch den Gebrauch unserer Sinne Sinn finden lässt …

Auf den ersten Blick mag der Titel dieses Abschnitts wie eine „Verweltlichung" von Spiritualität und eine „Heiligsprechung" von Kunst erscheinen. Im Grunde kann beiden Bereichen nichts Besseres passieren, steht aber hier nicht zur Diskussion. Hier bewegt uns lediglich die Frage, was beide Bereiche zutiefst miteinander verbindet, ohne sie deshalb miteinander verwechseln zu wollen oder sie einer Gleichmacherei zu unterwerfen. In ihrem Wesen mögen sie „unvermischt" nebeneinander daherkommen wollen; sie sollten es aber im Grunde nicht leugnen, dass sie in dem, was sie tun, ständig aufeinander verweisen und so kraft ihrer Kreativität sich gegenseitig immer wieder infrage stellen. Diese paradox intentionale Grundmelodie macht Spiritualität und Kunst zu einem ungleichen Geschwisterpaar, zu dessen gemeinsamer Wurzel – der alles durchdringenden Resonanzsphäre – sie sich „ungetrennt" ohne Gesichtsverlust bekennen können. Denn Kult und Kultur hängen inniger miteinander zusammen, als beiden Bereichen recht sein mag. Beide leben sie aus einer Tiefe, die im Falle der Spiritualität „Mystik", im Falle der Kunst „Inspiration" und im Falle des Betrachters „Staunen" bewirkt.

Kunst lädt ein, „anders" zu sein

Kunst ereignet sich dort, wo es einer Künstlerin, einem Künstler gelingt, durch ein Kunstwerk den „sechsten Sinn" des Betrachters zu aktivieren, ihn über den Gebrauch seiner fünf Sinne hinaus aufzuwecken, wachzurütteln, ihn „magneten" zu machen, zu elektrisieren und ihn dadurch mit den Möglichkeiten seiner in ihm schlummernden Kreativität zu konfrontieren. Gerade darin besteht ja das Resonanzerlebnis eines Menschen, dass er verzaubert mit offenem Mund, sprachlos vor einem Kunstwerk steht und davon abgrundtief geheimnisvoll berührt wird. „Nie ist der Mensch so da, wie dann, wenn er ganz weg ist", sagt der Philosoph Jörg Splett. Gerade dieses „Ganz-weg-Sein" wird auch zum obersten persönlichen Qualitätsmerkmal des Betrachters vor einem Kunstwerk. So ergeht es ihm aber nicht nur hier, auch die Schönheit der Natur, ein Mensch, ein Gedicht, ein prosaischer Text, eine Melodie vermögen ihn von innen her so anzurühren, dass er sich dadurch hineingenommen weiß in das größere Ganze einer Welt, deren Richtung er kraft der in ihm schlummernden Kreativität mitzubestimmen, ja mitzugestalten vermag.

In ihrer Erzählung „Das dreißigste Jahr" träumt Ingeborg Bachmann davon, dass „die Welt dort angefasst wird, wo sie sich auch anfassen lässt, wo sie das Geheimnis der Drehbarkeit hat, wo sie noch keusch ist, wo sie noch nicht geliebt und geschändet worden ist, wo die Heiligen sich noch nicht für sie verwandt und die Verbrecher keinen Blutfleck gelassen haben", sie erträumt sich damit einen „neuen Status", in dem „die Nachfolge in keinem Geist mehr angetreten wird", sie hofft darauf, dass „endlich endlich kommt" und ruft dem Menschen zu: „Dann spring noch einmal auf und reiß die alte schimpfliche Ordnung ein. Dann sei anders, damit die Welt sich verändert, damit sie die Richtung ändert, endlich! Dann tritt du sie an!"[69]

Dieser Forderung nach dem „Anderssein“ steht aber – wie auch in der Natur und im spirituellen Bereich – ein prinzipielles Moment der „Unverfügbarkeit“ entgegen. Wir leiten Kunst gern von „Können“ ab, also von einer eingeübten Technik, von einem entsprechenden „Vermögen“ – „poeta nascitur“ – sagen wir und meinen damit, dass man zum Dichter geboren sein müsse, dass bloße Anstrengung allein aus niemandem einen Künstler machen könne. Aber alle Kunst, die zu berühren und zu provozieren vermag, benötigt ein über die Verfügbarkeit hinausgehendes Moment, sodass der „wahre Künstler“ nicht nur von brillanter Technik, sondern von der Kunst als solcher „beseelt“ sein muss, so, wie erst der ein guter Lehrer sein wird, dessen Liebe nicht seinem Fachgebiet gehört, sondern der Leidenschaft, dieses an andere Menschen zu vermitteln.[70]

Und dieses, von dem, was einer tut, Beseeltsein, wir können es auch „Inspiration“ nennen, unterliegt nicht dem Wollen, es kann sich diesem auch entziehen, es kann verloren gehen und vor allem, es lässt sich durch den Eifer des Übens nicht erzwingen. So entspringt Kunst nicht in erster Linie dem Können, vielmehr einem „Nicht anders können“ im Sinne eines „Müssens von innen her“.

In diesem Zusammenhang ist – wie oben erwähnt – Joseph Beuys davon überzeugt, dass jeder Mensch ein Künstler ist; den Sinn seines Lebens wird er erst dann finden können, wenn er entdeckt, welches Gebiet ihn so beseelt, dass er darin sein Künstlersein zu leben vermag.

Es gehört zu den kostbarsten Erfahrungen meines Lebens, den Weg vieler Künstlerpersönlichkeiten in ganz unterschiedlicher Art und Weise kennengelernt und ein Stück weit begleitet zu haben.

Oft in deren Leben habe ich etwas von diesem bei Ingeborg Bachmann beschriebenen inneren Sendungsbewusstsein spüren können. Vielen von ihnen verdanke ich darüber hinaus eine Ursprünglichkeit und wohltuende Unkompliziertheit, manchmal verbunden mit einer Direktheit, die mir sonst im Leben eher selten begegnet; darüber hinaus erstaunt mich bei vielen Künstlerinnen und Künstlern immer wieder die Tiefe ihrer Gedanken und die Treue zu ihrer Berufung, die ich bis zu diesen Begegnungserfahrungen nur bei spirituellen Meistern zu finden glaubte. In einem Aphorismus bringt Arnold Schönberg das, was ich hier zu sagen versuche, so zum Ausdruck:

> „Kunst ist der Notschrei jener, die an sich das Schicksal der Menschheit erleben. Die nicht mit ihm sich abfinden, sondern sich mit ihm auseinandersetzen. Die nicht stumpf den Motor ‚dunkle Mächte' bedienen, sondern sich ins laufende Rad stürzen, um die Konstruktion zu begreifen. Die nicht die Augen abwenden, um sich vor Emotionen zu behüten, sondern sie aufreißen, um anzugehen, was angegangen werden muss. Die aber oft die Augen schließen, um wahrzunehmen, was die Sinne nicht vermitteln, um innen zu schauen, was nur scheinbar außen vorgeht. Und innen, in ihnen, ist die Bewegung der Welt; nach außen dringt nur der Widerhall: das Kunstwerk."[71]

Wer Teresa Gonçalves Lobo bei ihrer Arbeit beobachtet, ist fasziniert davon, wie sie schaut, sieht, staunt wie ein Kind, mit der Kamera Motive einfängt und festhält, sie wieder loslässt, abwartet und sich dann in freien Assoziationen intuitiv-spielerisch davon überraschen lässt, was in ihrer Kunst als Skizze innerer Wahrnehmung nach außen hin sichtbar wird.

Der Mund der Künstlerin sind ihre Hände; mit ihnen führt sie die wesentlichen Dialoge ihres Lebens; sie skizziert, zeichnet, meditiert, korrigiert und setzt den in ihren Arbeiten oft ganz unscheinbar und dann doch wieder markant gesetzten Punkt als „i"-Punkt, den ich immer – und mag er mir zunächst noch so nebensächlich erscheinen – als Ausrufezeichen erlebe, als „Schlüsselloch" in die tieferen Regionen der Wahrnehmung und des Empfindens. So entstehen zauberhaft lyrisch-intime Abstraktionen, die den Arbeiten Teresas für mich wohltuende Stille und kontemplative Nachhaltigkeit vermitteln.

Es ist mir nicht möglich, den Zauber in den Zeichnungen von Teresa Gonçalves Lobo schlüssig zu erklären. Freunde, die die Künstlerin weit besser kennen als ich, sehen darin jedenfalls eine klare Verbindung zu ihrer insularen Herkunft, zur dort erlebten besonderen Kraft des Lichtes, des Schattens, der unbelasteten Einfachheit und Schönheit der Natur.

Teresa wurde in der Camacha geboren, in einer Gegend auf der Insel Madeira, wo die Menschen mit der Herstellung von Korbweide beschäftigt sind. Viele haben in ihren Zeichnungen vielleicht zu schnell nur die Weidenbüschel („vime") ihrer Heimat gesehen. Sie mag die Korbweide, liebt den Geruch der extrem langen Ruten, mit denen sich gut Flechtwaren herstellen lassen, fühlt sich aber den Ästen und Zweigen der sommergrünen Korbweidensträucher nicht mehr verbunden als allen anderen Pflanzen auch. Wenn Teresa zeichnet, tut sie es am liebsten barfuß; wie die Pflanzen und Bäume mit ihren Wurzeln ihre Kraft zum Leben aus der Erde saugen, so fühlt sie sich bei ihrer Arbeit erst stark ohne Schuhe an ihren Füßen; sie weiß sich so mit der Erde und mit allem, was auf ihr wächst, viel tiefer verbunden.

Ein Gedicht von Rainer Maria Rilke erzählt davon, wie glücklich wir sein könnten, wenn wir uns nur an die Natur hielten, von ihr lernten, mit ihr in Verbindung blieben und nicht getrieben „von zu viel Kräften, die sich wirr bestreiten" im Hamsterrad des Alltags das „unbekannte Glück" verfehlten …

Natur ist glücklich. Doch in uns begegnen
sich zu viel Kräfte, die sich wirr bestreiten:
wer hat ein Frühjahr innen zu bereiten?
Wer weiß zu scheinen? Wer vermag zu regnen?

Wem geht ein Wind durchs Herz, unwidersprechlich?
Wer faßt in sich der Vogelflüge Raum?
Wer ist zugleich so biegsam und gebrechlich
wie jeder Zweig an einem jeden Baum?

Wer stürzt wie Wasser über seine Neigung
ins unbekannte Glück so rein, so reg?
Und wer nimmt still und ohne Stolz die Steigung
und hält sich oben wie ein Wiesenweg?[72]

Was wir nach wenigen Gesprächen bei unserem Kennenlernen vor zehn Jahren mit großer Freude aneinander entdecken, ist unsere Begeisterung für die Gedichte von Rainer Maria Rilke und das „Buch der Unruhe" von Fernando Pessoa. Teresas Atelier in Lissabon befindet sich im Stadtteil Chiado in unmittelbarer Nähe von Pessoas Lieblingscafé, vor dem die lebensgroße Bronzefigur des Dichters am Tisch sitzt und in himmlischer Gelassenheit die „Selfiemania" der Touristen über sich ergehen lässt. Im „Buch der Unruhe", das immer dabei sein muss, wenn ich Portugal besuche, schreibt Pessoa: „Das Leben ist für uns das, was wir in ihm sehen. Für den Bauern, dem sein Feld alles bedeutet, ist dieses Feld ein Imperium. Für den Cäsar, dem sein Imperium nicht genügt, ist dieses Imperium ein Feld. Der Arme besitzt ein Imperium; der Große besitzt ein Feld. Tatsächlich besitzen wir einzig unsere eigenen Wahrnehmungen; auf sie und nicht auf das, was sie sehen, müssen wir demnach die Wirklichkeit unseres Lebens gründen."[73]

Im Urlaub auf der Insel Porto Santo trifft man Teresa schon lange vor Sonnenaufgang am Strand. Dort genießt sie den Blick hinauf zum Picho do Facho, mit seinen 517 Metern die höchste Erhebung der Insel, die geheimnisvolle Schönheit und Seltenheit einer Vielzahl von vulkanischen Gesteinsformationen, die damit verbundene üppige Vegetation, das Spiel der Meereswellen im Atlantik, das Muster im Sand am Strand, welches Muscheln und Steine vom Wasser getrieben dort zeichnen; das alles nimmt sie „wahr", registriert, meditiert und fotografiert sie; in ihren Zeichnungen tauchen dann Erinnerungen daran auf, die man vielleicht besser skizzenhaft federleichte „Verinnerungen" nennen sollte …

Neben zahlreichen Ausstellungen in Portugal waren ihre Werke schon in England, Frankreich, Belgien, Russland, Spanien und Österreich zu sehen.

Eine lyrische Bildmeditation: Zu den Werken von Teresa Gonçalves Lobo

Wo immer ich Künstlern und dabei ihren Kunstwerken begegne, bemühe ich mich, möglichst unvoreingenommen auf sie zuzugehen und ihre Kunstwerke ohne große Vorinformation auf mich wirken zu lassen. Auch schätze ich es nicht, wenn bei Ausstellungseröffnungen den Besucherinnen und Besuchern lange und umständlich erklärt wird, was sie nach der Eröffnung zu sehen bekommen. Die Sprache der Künstler ist ihre Kunst und dieser Kunst ist möglichst immer ohne große Erklärung der Vorrang zu geben. Jede Beschreibung, jede Erklärung, so interessant und hilfreich sie im Nachhinein sein mag, setzt dem Betrachter eine Betrachtungsbrille auf, damit er so in seiner „selektiven Wahrnehmung" die in der Vorinformation angekündigte Blickrichtung bestätigt findet. Wenn ich Musik höre, die mich in der Tiefe meiner Seele berührt, wie zum Beispiel Joseph Haydns Oratorium „Die Schöpfung", Ludwig van Beethovens „Neunte Symphonie" oder Antonín Dvoráks 9. Symphonie „Aus der Neuen Welt".

Jedes Mal, wenn ich diese Meisterwerke genieße, stelle ich mir vor, was in den Menschen bei den Uraufführungen dieser Werke vor sich gegangen sein mag. Das menschliche Herz scheint eine Ursehnsucht nach Premieren zu haben, nach dem Einmaligen, Unverwechselbaren, Einzigartigen. Wer sich gründlichen Übungen und Studien hingeben konnte, weiß, dass in der Wiederholung die Mutter der Weisheit liegt und dass Virtuosität ohne sie nicht erreichbar ist; das Göttliche aber in aller Kunst, das, was uns im Innersten zu berühren vermag, wird uns im unsterblichen Premieren-Augenblick geschenkt. In solchen Momenten weiß sich der Mensch „geweiht zur Unsterblichkeit"[74].

Darum verstehen sich die den im Folgenden gezeigten Arbeiten von Teresa Gonçalves Lobo beigefügten Texte nicht als Erklärungen, lediglich als Gedankensplitter, die nichts interpretieren, vielmehr die eine oder andere spontane Assoziation weiterführen. Das aber, was einen Menschen beim Betrachten von Kunst, beim Hören von Musik, beim Lesen eines Textes, beim Erleben in der Natur unmittelbar „anrührt", kommt aus einer Resonanztiefe, die erst nach Worten suchen muss. Gefundene Worte sind immer sekundäre Ereignisse. Das Primäre, Unmittelbar-Staunende ist wortlos …

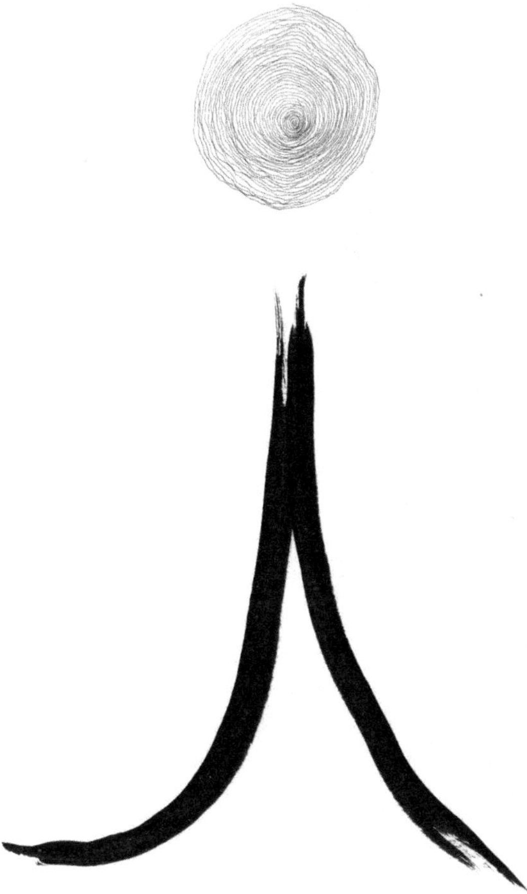

wo du stehst, grab tief hinein, in dir ist die quelle

dass du mich liebst, macht mich mir wert

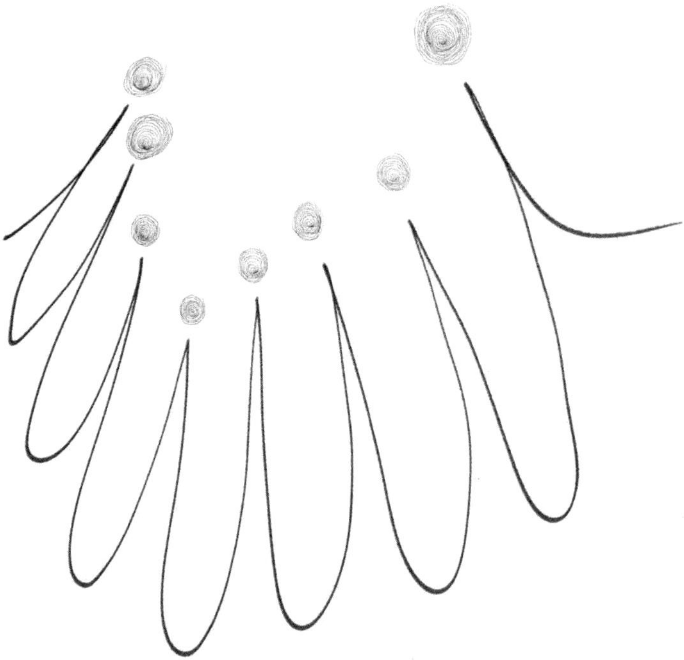

gleich und gleich gesellt sich gern

gegensätze ziehen sich an

natur ist glücklich

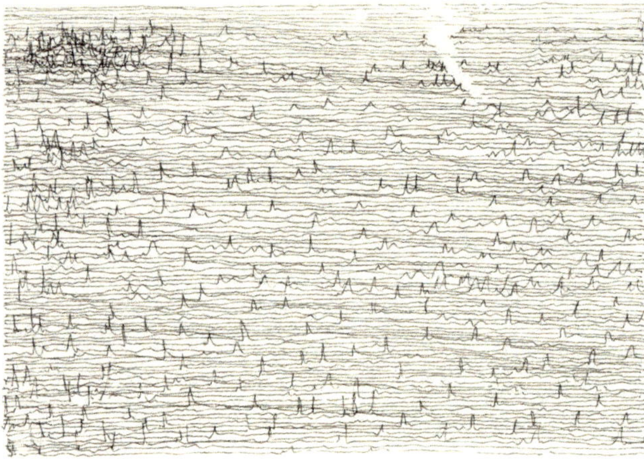

natur kennt kein „ich sollte sein“

die schöpfung quillt über von schönem

die schöpfung quillt über von wunden

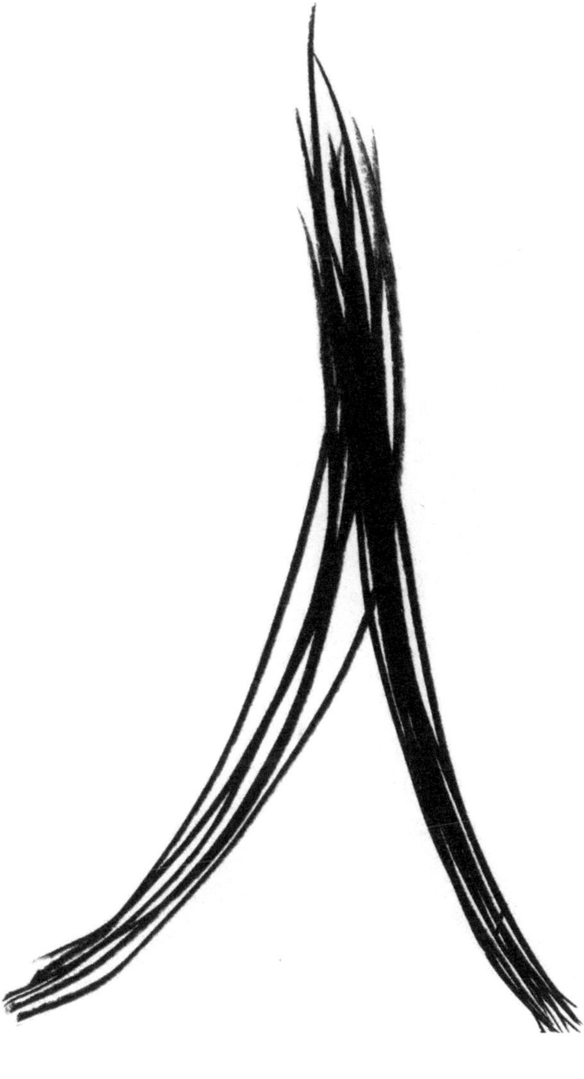

ermutigung

wegkreuze – kreuzwege

wege entstehen im gehen

wer stürzt wie wasser über seine neigung?

resonanz

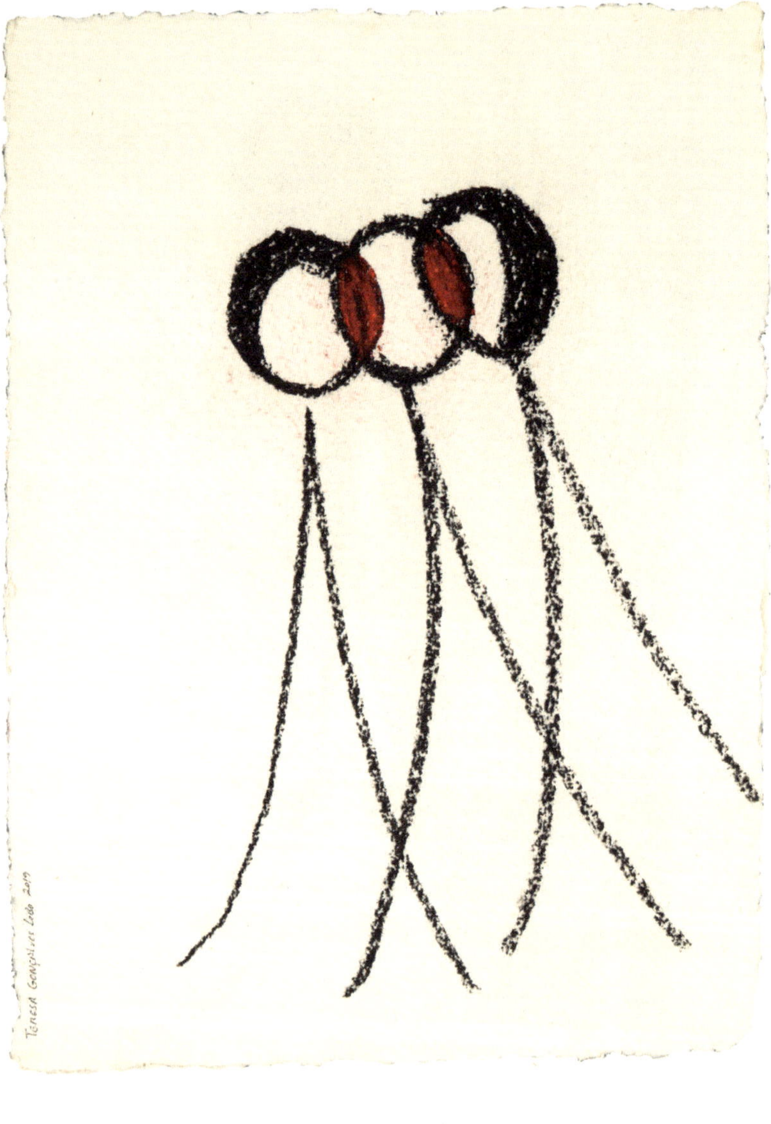

kohärenzwiederherstellungskompetenzgefühl

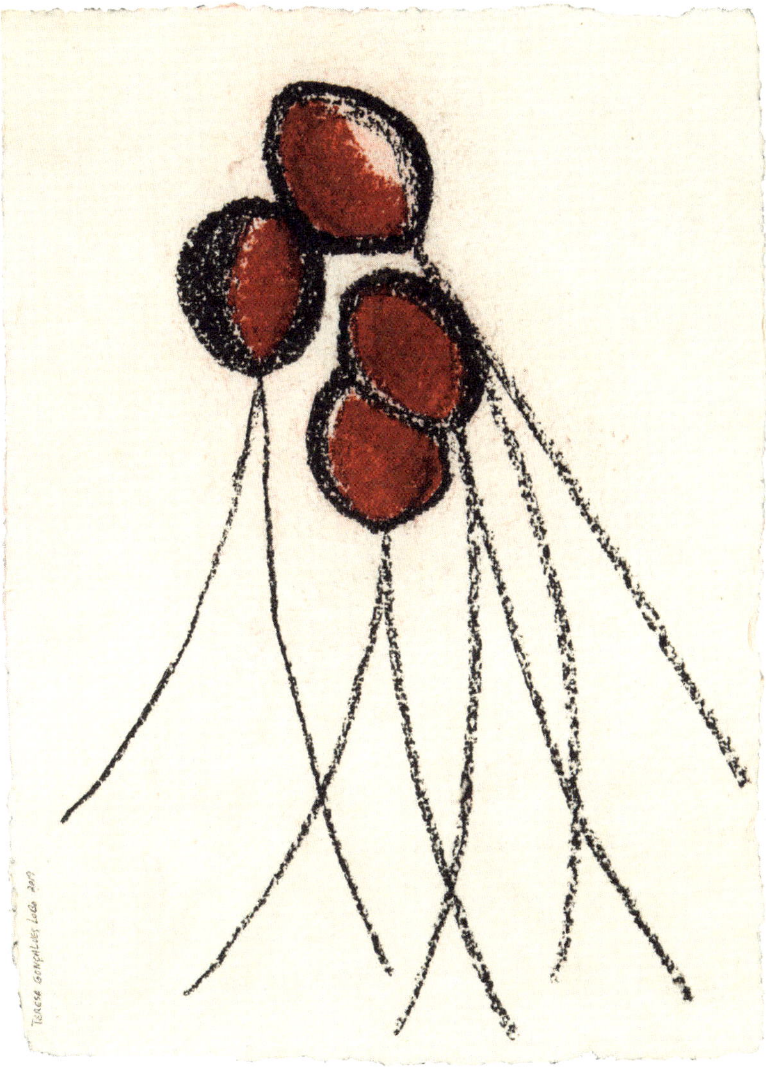

wenn einer dem andern zum engel wird

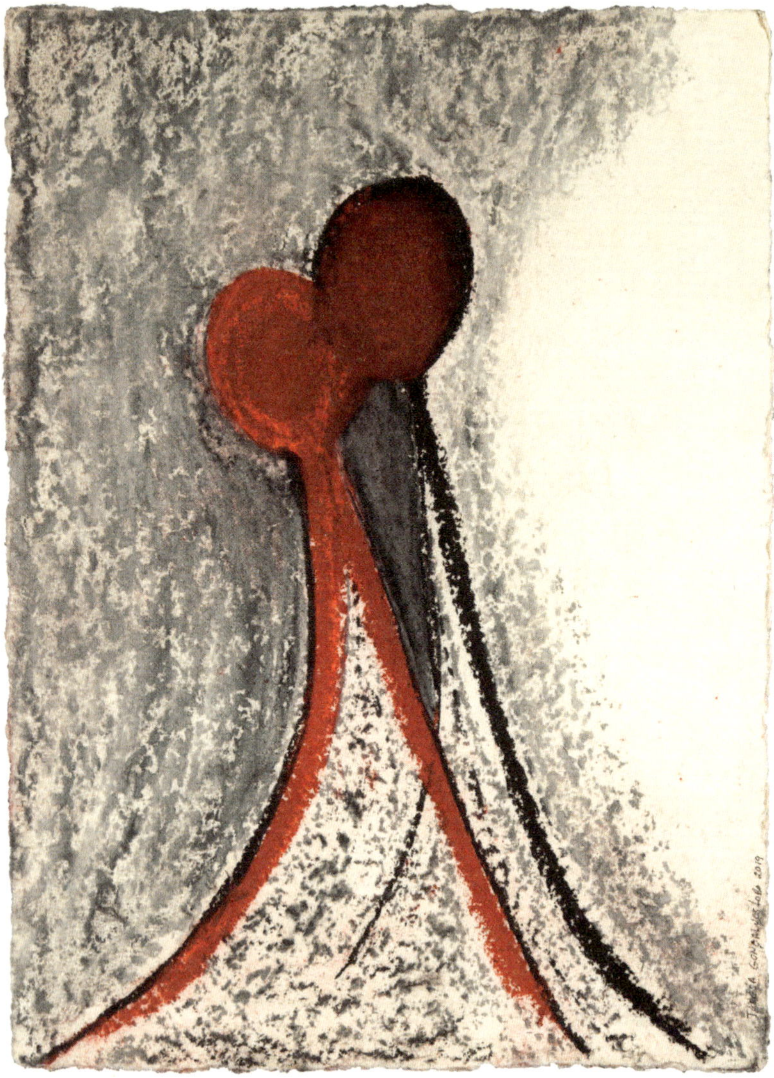

wenn du nur da bist

furchenfelder

zarte
züge
zeichnen
flüchtig
furchen
felder
federleicht

Für Teresa Gonçalves Lobo

Was bedeutet „Spiritualität"?

Spiritualität meint im tiefsten und besten Sinn des Wortes zunächst einmal „nur" die „hörbar gemachte Atmung" eines Menschen, seinen „spirit", mit dem er als lebendiger, also atmender Mensch etwas von dem, was in seinem Innersten vor sich geht, mit anderen teilt, es anderen mitteilt. In meinem Buch „Couch & Altar"[75] habe ich den Klang der Stimme als die Hauptweise beschrieben, in der ein Mensch „unverwechselbar originell" mit anderen Menschen in Kontakt tritt. Diese Stimme ist die akustische Visitenkarte des Menschen, mit der er hörbar vermittelt, wer er ist und inwieweit es ihm möglich ist, er selbst zu sein. Das Umfeld eines Menschen nimmt diese seine Stimme in zehn Grundäußerungen wahr: Gähnen. Bitten. Danken. Staunen und Loben. Jammern und Klagen. Zurechtweisen und Tadeln. Fluchen und Verwünschen. Segnen. Singen. Schweigen. „Spiritualität" muss deshalb zuallererst als das persönlich artikulierte Grundbedürfnis eines Menschen verstanden werden, sich mitzuteilen. So erscheint Spiritualität (wie die Kunst auch) als die alles durchdringende Resonanzsphäre des Menschen, die ihm in dreifacher Weise seine Rückbindung an ein größeres Ganzes ermöglicht:

Eine erste Rückbindungserfahrung im „größeren Ganzen" ereignet sich in der Natur, zuallererst im Wahrnehmen ihres Atmens, ihres Rauschens, auf das zu lauschen dem Menschen das Gefühl vermittelt, sich mit ihr engstens verbunden zu wissen. Der Atem der Natur erscheint dem Menschen als von Natur aus spirituellem Wesen als Kraft- und (im besten Sinne des Wortes) Inspirationsquelle, die er (je bewusster, umso tiefer) als „frische Luft" ein- und ausatmet, diese beim Öffnen des Fensters in seine Räume holt, damit diese „durchlüftet" und sie wieder mit Sauerstoff versorgt.

Der Atem der Natur manifestiert sich aber nicht nur in Wind und Wetter und durch das Rauschen der Bäume, auch im Erleben „des Meeres und der Liebe Wellen", im Klang des Wassers, im Rauschen und Brausen des Meeres ereignet sich Rückbindungserfahrung ins „größere Ganze" der Natur. Unser Drang, auf die Natur zu hören, sich immer wieder in die Natur zu begeben, rührt von einem archaischen Wissen her, mit dem wir unbewusst aus dieser tiefen inneren Verbundenheit schöpfen und diese suchen, um uns selbst zu finden. So treibt es uns in unseren Alltagspraktiken immer wieder aus dem Haus, um wieder einmal „in die Natur", das heißt ins Freie, in den Wald, an den Fluss oder in den Garten zu kommen, um zu sich selbst zu kommen, oder auch tatsächlich durch die Wüste zu wandern, in die Berge zu gehen oder übers Meer fahren, um Identitätskrisen zu überwinden.[76]

Wie sich der Mensch als „spirituelles" (also atmendes) Wesen der Natur mitteilt und sie sich atmend einverleibt, erlebt er seine ihn tragenden Rückbindungserfahrungen im „größeren Ganzen" der Gemeinschaft mit anderen Menschen und schließlich durch die Rückbindungserfahrung im „größeren Ganzen" des Außersprachlichen/Übersprachlichen. Dabei werden in dem, was wir „spirituelle Erfahrungen" nennen, immer alle drei Ebenen miteinander verwoben sein und nie wird dabei eine Ebene fehlen dürfen. Selbst der Einsiedler oder die Nonne zieht sich ja nicht aus der Welt zurück, um von Menschen nicht mehr belästigt zu werden, sondern dazu, um mit seiner/ihrer ganz persönlichen Lebensart – was wir ja auch im besten Sinne des Wortes „Lebenskunst" nennen können – Menschen zu berühren, ihnen in seiner/ihrer unverwechselbaren Art und Weise ein Zeichen zu setzen, sie dadurch daran zu erinnern, dass es hinter dem Alltäglichen noch etwas zu suchen und zu entdecken gibt, das zu finden sich lohnt. Auch klösterliche Klausur und glaubwürdig gelebte Ehelosigkeit finden ja gerade darin ihren tiefen Sinn. Wie sonst wäre es zu erklären, dass Klöster in welcher Kultur und Region auch immer zum Zielpunkt von Wallfahrten und zum Kraftplatz für viele Menschen werden. Wie verständlich dabei die ersten beiden Ebenen der Rückbindungserfahrung im größeren Ganzen der Natur und in der Gemeinschaft mit den Menschen sein mögen, ihre Erfüllung und Tiefe finden sie erst, wenn sie dabei und dadurch in das Magnetfeld des Außersprachlichen/Übersprachlichen geraten. Erst wenn wir nicht mehr in der Lage sind, mit Worten zu beschreiben, was in uns vor sich geht, sind wir in die Nähe dessen gekommen, wo unser Leben das Geheimnis seiner Drehbarkeit hat. Das Stille-Werden und mit offenem Mund-Staunen-Können erweist sich geradezu als „Lackmustest" aller Spiritualität. Alles wächst aus dieser Stille. Aus diesem „NICHTS" – so die Bibel – wurde die Welt erschaffen. Und weil sich dieses „Nichts", dieses „NU", das Göttliche so schwer in Worte fassen lässt, bedarf es aller Kunst, der Dichtung, der Musik, um so, indem es „dem Ewigen entgegenschweigt", alles Stumme zum Klingen zu bringen:

Das ist die Sehnsucht: wohnen im Gewoge
und keine Heimat haben in der Zeit.
Und das sind Wünsche: leise Dialoge
täglicher Stunden mit der Ewigkeit.
Und das ist Leben. Bis aus einem Gestern
die einsamste von allen Stunden steigt,
die, anders lächelnd als die andern Schwestern,
dem Ewigen entgegenschweigt.[77]

Solches Schweigen ist die Grundbewegung aller Mystik, schützt den innersten Kernbereich eines Menschen vor dem beliebigen Zugriff von außen, führt ihn so in seine existenzielle Mitte und gleichzeitig hörbar und sichtbar über sich selbst hinaus. Mystik und Spiritualität erscheinen so als die beiden Seiten einer Medaille. Mystik sucht in der Tiefe persönlicher Stille nach dem, was im Herzen eines Menschen vor sich geht; Spiritualität versucht diese Erfahrung ins Wort zu bringen und sie so mit anderen Menschen zu teilen.

Ohne die mystische Erfahrung im Kernbereich des menschlichen Erlebens muss alle „Spiritualität" als das Resonanzerleben des Geschöpfes mit der Natur und allen ihren Geschöpfen hohl und leblos bleiben. Der Garten der Mystik lebt aus der Stille und der Geduld; das Feld der Spiritualität lebt aus dem leisen Säuseln des Windes oder auch aus dem immer wieder aufbrausenden mächtigen Sturm. Mystik ahnt, fühlt und spürt. Spiritualität hört, singt und formuliert. Das alles ist Teil eines unaufhörlichen Kreislaufs, der zeitlebens nie an sein Ende kommt; Frucht und Gütesiegel echter Mystik und Spiritualität sind die tiefe innere Bereitschaft, die gemachten Erfahrungen in gelebter Dankbarkeit mit anderen zu teilen.

Ausklang

> „Selbst wenn wir wissen, dass ein nie zustande kommendes Werk schlecht sein wird, ein nie begonnenes ist noch schlechter. Ein zustande gekommenes Werk ist zumindest entstanden. Kein Meisterwerk vielleicht, aber es existiert, wenn auch kümmerlich wie die Pflanze im einzigen Blumentopf meiner gebrechlichen Nachbarin. Diese Pflanze ist ihre Freude, und hin und wieder auch die meine. Was ich schreibe und als schlecht erkenne, kann dennoch die eine oder andere verwundete, traurige Seele für Augenblicke noch Schlechteres vergessen lassen. Ob es mir nun genügt oder nicht, es nützt auf irgendeine Art, und so ist das ganze Leben.“[78]

In der bescheidenen Hoffnung, dass es „auf irgendeine Art“ nützlich sein könnte, ist in den vergangenen Monaten dieses Buch entstanden. Von einigen Menschen, von denen ich darin erzähle, weiß ich, dass sie sich darüber freuen; für alle Leserinnen und Leser hoffe ich sehr, dass die eine oder der andere von ihnen den einen oder anderen ermutigenden Gedanken entdecken und mitnehmen konnte – und sei es nur dazu, einer traurigen Seele dabei zu helfen, für Augenblicke noch Schlechteres vergessen zu können. Sollte mich jetzt jemand fragen wollen, ob man tatsächlich nicht mehr von einem Buch erwarten könne, müsste ich ihm antworten: Weniger nicht!

Anmerkungen

1 Martin Buber: Das dialogische Prinzip. Ich und Du, Verlag Lambert Schneider, Heidelberg 1965, Seite 12
2 Hartmut Rosa: Resonanz. Eine Soziologie der Weltbeziehung, Suhrkamp Verlag, Frankfurt am Main 2016, Wissenschaftliche Sonderausgabe, Berlin 2018
3 Arthur Schopenhauer: Parerga und Paralipomena II. Zweiter Teilband, Diogenes Verlag, Zürich 2017, Seite 710
4 Stéphane Hessel: Indignez-vous! Indègene éditions, Montpellier 2010. Deutsch: Empört Euch! Ullstein Verlag, Berlin 2011, Seite 13
5 Heinrich Heine: Auf Flügeln des Gesanges. Sämtliche Gedichte, Patmos Verlag 2003, Seite 176
6 Vgl. Hartmut Rosa: Resonanz. Eine Soziologie der Weltbeziehung
7 Vgl. dazu Hartmut Rosa: Unverfügbarkeit, Residenz Verlag, Salzburg 2018
8 Joachim Bauer: Prinzip Menschlichkeit. Warum wir von Natur aus kooperieren, Hoffmann und Campe, Hamburg 2006, Seite 21
9 Vgl. dazu das Interview mit Joachim Bauer in der Wochenzeitschrift *Die Furche* vom 13. Juni 2019, Seite 5. In diesem Zusammenhang gut verständlich und auch für Nicht-Fachleute lesenswert: Joachim Bauer: Wie wir werden, wer wir sind. Die Entstehung des menschlichen Selbst durch Resonanz, Blessing Verlag, München 2019
10 Hartmut Rosa: Resonanz. Eine Soziologie der Weltbeziehung, Seite 86
11 Vgl. ebd., Seite 87
12 Vgl. ebd., Seite 87, in der Zitation von Peter Sloterdijk
13 Ebd., Seite 109
14 Ebd., Seiten 88–89
15 Vgl. dazu Jessica Braun: Atmen. Wie die einfachste Sache der Welt unser Leben verändert, Verlag Kein & Aber, Zürich – Berlin 2019, Seiten 10–11
16 Zitiert ebd., Seiten 192–193

17 Vgl. dazu Hartmut Rosa: Resonanz. Eine Soziologie der Weltbeziehung, Seiten 92–93

18 Martin Buber: Das dialogische Prinzip, Verlag Lambert Schneider, Heidelberg 1965, Seite 22

19 Vgl. Peter Sloterdijk bei Hartmut Rosa: Resonanz. Eine Soziologie der Weltbeziehung, Seite 111

20 Bernhard Waldenfels, zitiert in Hartmut Rosa: Resonanz. Eine Soziologie der Weltbeziehung, Seite 111

21 Eva Campbell-Haidl: www.voicemovement.at

22 Vgl. dazu Georg Groddeck: Das Buch vom Es, Limes Verlag, Wiesbaden – München 1978, 4. Auflage, Seiten 18–19

23 Ludwig Wittgenstein: Tractatus logico-philosophicus. Logisch-philosophische Abhandlung, edition suhrkamp, 37. Auflage, Frankfurt am Main 2018, Seite 7

24 Vergleiche dazu Joachim Bauer: Warum ich fühle, was du fühlst. Intuitive Kommunikation und das Geheimnis der Spiegelneurone, 2005, Seite 85. Vor allem das 4. Kapitel „Spiegelneurone und die Herkunft der Sprache", Seiten 75–84

25 Das Konfuzius zugeschriebene Wort lässt sich leider nicht verifizieren, entspricht aber den bei ihm belegten Gedanken: „Wie bei Sokrates ist auch bei Konfuzius die Erkenntnis des Guten der erste Schritt zur Sittlichkeit. Auf die Frage, ob es ein einziges Wort gäbe, mit dem sich der Inhalt der sittlichen Lehre ausdrücken lasse, gibt Konfuzius die klare Antwort: ‚Dieses eine Wort ist Gegenseitigkeit.'" Siehe Hans O. H. Stange: Die Weisheit des Konfuzius, Insel Verlag, Frankfurt am Main 1974, Seite 13

26 Greta Thunberg am 15. 12. 2018 auf der UN-Klimakonferenz in Kattowitz. Deutsche Übersetzung zitiert nach: https://www.tagesspiegel.de/berlin/klimaaktivistin-greta-thunberg-15-mein-appell-an-die-welt/23779892.htmlwww.der, 20. 12. 2018

27 *Die Presse*, 30. Juli 2019, Seite 6

28 Vgl. dazu Hartmut Rosa: Resonanz. Eine Soziologie der Weltbeziehung, Seite 707

29 Kerstin Kellermann in: *Die Presse*, 27. Juli 2019, Seite 22

30 Gerhard Hüther: „Auf der Suche nach dem verlorenen Glück". Vortrag im Congresshaus Villach am 29. Mai 2019

31 Quelle: http://www.alzheimermonterrey.com/estudios/estudios/Estudio-Monjas-I.pdf

32 Johann Wolfgang von Goethe: Faust. Der Tragödie erster und zweiter Teil. Urfaust, Herausgegeben und kommentiert von Erich Trunz, Verlag C. H. Beck, München 2005, Vers 1700, Seite 57

33 Ebd., Verse 1692–1702

34 Ebd., Verse 11934–11941, Seite 359

35 Vgl. dazu Hans Joachim Störig: Kleine Weltgeschichte der Philosophie, Verlag W. Kohlhammer, Stuttgart – Berlin – Köln – Mainz 1970, Seiten 87–89

36 Ernst Bloch: Prinzip Hoffnung. In fünf Teilen. Kapitel 43 bis 55, Suhrkamp Verlag, 11. Auflage 2019, Seite 1628

37 Vgl. dazu Klaus Virtbauer: Rendezvous mit der Religion. Er galt als ein „Vorzeigedenker" der Linken, um nicht die Punze „68er" zu verwenden. In den letzten Lebensjahrzehnten hat sich Jürgen Habermas aber auf seine Weise der Religion angenähert. Am 18. Juni 2019 beging der deutsche Philosoph seinen 90. Geburtstag, in: *Die Furche*, 13. Juni 2019, Seite 13

38 „Heureka!" – „Ich habe gefunden!" soll Archimedes von Syrakus, nackt durch die Stadt laufend, ausgerufen haben, nachdem er in der Badewanne das nach ihm benannte „Archimedische Prinzip" entdeckt hatte, das besagt, dass die Auftriebskraft eines Körpers in einem Medium ebenso groß ist wie die Gewichtskraft des vom Körper verdrängten Mediums. „Medium" deshalb, weil das Prinzip nicht nur für Flüssigkeiten, sondern auch für Gase gilt. Der freudige Ausruf „Heureka" nach gelungener Lösung einer schwierigen geistigen Herausforderung gilt seither als Synonym für plötzliche Erkenntnis.

39 Wilhelm Busch: Das große Lesebuch, Fischer Taschen Bibliothek, Frankfurt am Main 2014, Seite 178

40 Amos Oz: Eine Geschichte von Liebe und Finsternis, Suhrkamp Taschenbuch 3968, 13. Auflage 2019, Seite 110

41 Interview in *Die Presse*, 7. November 2017, Seite 19

42 Hartmut Rosa: Resonanz. Eine Soziologie der Weltbeziehung, Seiten 648–649

43 Ebd., Seite 651

44 Epikur: Von der Überwindung der Angst. Griechisch – Lateinisch – Deutsch, herausgegeben, übersetzt, erläutert und eingeleitet von Gerhard Krüger, Aschendorff Verlag, 2. Auflage, Münster 2004, Seite 31

45 Aurelius Augustinus: Confessiones, Seiten 151–153
46 Rainer Maria Rilke: Die Gedichte, Insel Verlag, Frankfurt am Main und Leipzig 2006, Seite 203
47 Kurt Marti: Leichenreden, Deutscher Taschenbuch Verlag, München 2011
48 Arnold Mettnitzer: Was ich glaube. Überlegungen & Überzeugungen, Styria Verlag, Wien - Graz - Klagenfurt 2015, Seiten 46–47
49 Aurelius Augustinus: Confessiones. Bekenntnisse. Lateinisch und Deutsch (in der Übersetzung von J. Berhart), 3. Auflage 1966, Kösel Verlag, München 1966, Seite 13
50 André Gide: Aus den Tagebüchern 1889–1939, ins Deutsche übertragen und ausgewählt von Maria Schäfer-Rümelin, Büchergilde Gutenberg, Frankfurt am Main - Wien - Zürich 1965, Seiten 312–313
51 Fernando Pessoa: Das Buch der Unruhe des Hilfsbuchhalters Bernardo Soares, Fischer Taschenbuch Verlag, 3. Auflage 2014, Text 138, Seite 155
52 Vgl. dazu Joachim Bauer: Warum ich fühle, was du fühlst. Intuitive Kommunikation und das Geheimnis der Spiegelneurone, Verlag Hoffmann und Campe, Hamburg 2005, Seiten 16–17 sowie 21–34
53 Nach Dschalāl ad-Dīn Muhammad Rūmī: Das Mathnawi. Ausgewählte Geschichten, übertragen von Annemarie Schimmel, Sphinx Verlag, Basel 1994, Seite 159
54 Vom Palmsonntag, den 14. April 2019, bis zum Ostersonntag, den 21. April 2019, habe ich die folgenden Gedanken der *Kleinen Zeitung* als „Journal einer österlichen Reise" zur Verfügung gestellt. Der Abdruck erfolgt mit freundlicher Genehmigung der *Kleinen Zeitung*. Für dieses Buch wurden die Texte an einigen Stellen thematisch erweitert beziehungsweise geändert.
55 Marcus Tullius Cicero (106–43 v. Chr. bei Formiae). Der römische Politiker, Anwalt und Philosoph galt als einer der berühmtesten Redner Roms. Als Schriftsteller war er schon für die Antike stilistisches Vorbild, seine Werke wurden als Muster einer vollendeten, „goldenen" Latinität nachgeahmt. http://daszitat.de/autoren/a-c/autoren-c/cicero-marcus-tullis/
56 Genesis 12, 1-4 in der Übersetzung von Martin Buber: Die fünf

Bücher der Weisung, Verlag Lambert Schneider, Heidelberg 1987, Seite 36

57 Romano Guardini: Vom Sinn der Gemeinschaft, Im Verlag der Arche, Zürich 1950, Seite 37

58 Lukas 9, 29-36, in der Übersetzung von Fridolin Stier: Das Neue Testament, Kösel – München, Patmos – Düsseldorf 1989, Seite 153

59 Vgl. dazu Heribert Fischedick: Von einem, der auszog, das Leben zu lernen. Glaube und Selbstwerdung, Kösel Verlag, München 1987

60 In einer anderen Übersetzung heißt es: „Die Juden benutzen nämlich nicht dieselben Schöpfgefäße wie die Samariter."

61 Joh 4, 5-19; siehe dazu auch: Arnold Mettnitzer, Steh auf und geh. Die therapeutische Kraft biblischer Texte, Styria Verlag, Wien – Graz – Klagenfurt 2013, Seiten 32–35

62 Das Grundgerüst dieses Abschnitts findet sich im Buch von Arnold Mettnitzer: Steh auf und geh. Die therapeutische Kraft biblischer Texte, Styria Verlag, 2013, Seiten 32–37

63 Ps 22, 25 in der Übersetzung von Martin Buber: Die Schriftwerke, Verlag Lambert Schneider, Heidelberg 1986, Seiten 36–37

64 Vgl. Ijob 17,14 in der Übersetzung von Martin Buber, Die Schriftwerke, 1986, Seite 339

65 Rainer Maria Rilke: Die Gedichte, Seite 210

66 Vgl. Heinrich Heine: Auf Flügeln des Gesanges. Sämtliche Gedichte, Patmos Verlag 2003, Seite 176

67 Theodor W. Adorno, Prismen. Kulturkritik und Gesellschaft I, suhrkamp taschenbuch wissenschaft 1710, Frankfurt am Main 2018, Seite 30

68 Wortlaut der Begründung des Nobelpreiskomitees: Zitiert nach https://www.focus.de/digital/internet/google/google-doodle-nelly-sachs-wer-die-literaturpreistraegerin-war_id_10045474.html

69 Ingeborg Bachmann: Das dreißigste Jahr, Erzählungen, Piper Verlag, München – Berlin – Zürich 2015, Seite 114. Ebenso im Deutschen Taschenbuchverlag, 16. Auflage 1982, Seiten 28–30 (auch dtv großdruck Band 2533)

70 Vgl. dazu Hartmut Rosa: Resonanz. Eine Soziologie der Weltbeziehung, Suhrkamp Verlag, Wissenschaftliche Sonderausgabe, Berlin 2018, Seite 475

71 Arnold Schönberg: Aphorismus, in: *Die Musik*. Band IX. Nr. 21, 1909/1910, Seiten 159–163
72 Rainer Maria Rilke: Die Gedichte, Seiten 654–655
73 Fernando Pessoa: Das Buch der Unruhe des Hilfsbuchhalters Bernardo Soares, Text 102, Seite 125
74 Carl Zuckmayer: Abschied und Wiederkehr. Gedichte, Fischer Taschenbuch Verlag, Frankfurt am Main 1997, Seite 208
75 Arnold Mettnitzer: Couch & Altar. Erfahrungen aus Psychotherapie und Seelsorge, Styria Verlag, Wien - Graz - Klagenfurt 2008, Seiten 101–106
76 Vgl. dazu Hartmut Rosa: Resonanz. Eine Soziologie der Weltbeziehung, Suhrkamp Verlag, Wissenschaftliche Sonderausgabe, Berlin 2018, Seite 456
77 Rainer Maria Rilke, Die Gedichte, Seite 160 (aus dem Zyklus „Mir zur Feier")
78 Fernando Pessoa: Das Buch der Unruhe des Hilfsbuchhalters Bernardo Soares, Fragment 14, Seite 30

Der Autor

© Werner Krug

Arnold Mettnitzer wurde 1952 in Gmünd/Kärnten geboren. Er absolvierte ein Studium der Theologie in Wien und Rom (Dr. theol.) und war von 1979 bis 2001 Seelsorger in der Diözese Gurk-Klagenfurt. Nach einer Lehranalyse bei Erwin Ringel und der Ausbildung zum Psychotherapeuten ist er seit 1996 Psychotherapeut in freier Praxis in Wien. Er hat zahlreiche Publikationen veröffentlicht, hält Vorträge und Seminare zu Fragen von Lebensqualität und seelischer Gesundheit und ist freier Mitarbeiter des ORF, zudem ist er Mitglied im Vorstand der „Internationalen Christine Lavant Gesellschaft".

Die Künstlerin

© Ricardo Van Der Haegen

Teresa Gonçalves Lobo, 1968 auf Madeira geboren, lebt und arbeitet in Ateliers in Lissabon und in Funchal auf Madeira und ist seit 2017 durch die international renommierte Agentur und Galerie Waterhouse & Dodd London vertreten. Sie findet ihren künstlerischen Ausdruck in Form von Zeichnen, Malen, gravierter Fotografie, Installationen und Skulpturen. Im Bereich Möbeldesign beteiligte sie sich im Rahmen der Paris Design Week 2013 im Grand Palais an der Ausstellung „Revelations“. Ihre dort gezeigte Kreation „i chair long“ fand großes mediales Echo und internationale Anerkennung. Mit ihren Arbeiten ist sie in Portugal, Großbritannien, Frankreich, Belgien, Spanien, Österreich und Russland in privaten und öffentlichen Sammlungen vertreten.

Die Werke von Teresa Gonçalves Lobo

S. 153–156: Ohne Titel, 2019
Tusche auf Papier
42 x 29,5 cm

S. 157–160: Ohne Titel, 2019
Tusche auf Papier
42 x 29,5 cm

S. 161–164: Ohne Titel, 2019
Kohle auf Papier
42 x 29,5 cm

S. 165–168: Titel, 2019
Pastell und Kohle auf Büttenpapier
38 x 28 cm

Hat Ihnen dieses Buch gefallen? Dann würden wir uns über Ihre Weiterempfehlung freuen. Erzählen Sie darüber im Freundeskreis, berichten Sie Ihrem Buchhändler oder bewerten Sie beim Onlinekauf.
Möchten Sie weitere Informationen zum Thema? Möchten Sie mit dem Autor in Kontakt treten? Wir freuen uns auf Austausch und Anregung unter leserstimme@styriabooks.at

Mehr Inspiration, Geschenkideen und gute Geschichten finden Sie auf www.styriabooks.at

STYRIA
BUCHVERLAGE

ISBN 978-3-222-13633-7

Bücher aus der Verlagsgruppe Styria gibt es
in jeder Buchhandlung und im Online-Shop
www.styriabooks.at

Covergestaltung: Peter Manfredini
Buchgestaltung und Satz: Hannes Strobl, Satz·Grafik·Design Neunkirchen
Lektorat und Projektleitung: Elisabeth Wagner

Druck und Bindung: Finidr
Printed in the EU
7 6 5 4 3 2 1